Programación de una aplicación cliente Web en JavaScript

Contenido

Introducción

En este libro presenta un ejemplo de desarrollo en JavaScript, una aplicación gráfica que se ejecuta en un navegador Web.

La arquitectura Web utiliza como cliente ligero el navegador Web, que interpreta el lenguaje de marcas HTML para presentar contenido de una manera legible para el usuario. El contenido de la página HTML se descarga, utilizando el protocolo HTTP para conectar con un servidor, que puede estar en otro ordenador, conectados ambos por Internet.

Además del código HTML, el navegador Web también descarga otros elementos, entre los que se encuentra el código de unos programas que se ejecutan en el propio navegador. Dicho código de programación puede estar escrito con el lenguaje **JavaScript**, que fue diseñado específicamente para ese objetivo; o con otro lenguaje de programación, como Java, mediante objetos codificados en código intermedio, denominados: **Applets**, y que se ejecutan en una máquina virtual Java. La cual debe haberse instalado en el ordenador donde se encuentra el navegador Web para que el Applet pueda ejecutarse. La tecnología JavaScript no precisa de instalaciones adicionales, y el motor de ejecución de ese lenguaje está incluido en el propio cliente, en el navegador Web. Además, HTML5 incluye una integración mejorada entre JavaScript y HTML.

Por todo esto, resulta interesante el aprendizaje del lenguaje de programación JavaScript. Especialmente porque desde él es posible acceder de manera muy sencilla a las etiquetas y atributos HTML, de modo que se puede modificar con mucha facilidad.

El lenguaje JavaScript ha evolucionado mucho desde que fue creado por los desarrolladores del navegador Netscape, actualmente desaparecido. De hecho, ha estado mejorando constantemente hasta lograr convertirse en un lenguaje de programación bastante utilizado. Sin embargo, los problemas del pasado aún no han sido totalmente resueltos. Y aún existe una cierta diferencia entre la ejecución del código de un navegador a otro. Motivo por el que deben probarse los programas en los navegadores más populares: Internet Explorer, Chrome, Firefox, Safari u Opera; para las versiones de los mismos más actuales; y, tal vez, las anteriores. Pues puede ocurrir que los programas no funcionen bien en ellos.

También la sintaxis y el modo de utilizar el lenguaje JavaScript han cambiado a medida que éste fue evolucionando. Por lo que, en este libro, emplearemos la que consideramos más recomendable, aunque no sea la única, en algunos casos.

El lenguaje JavaScript permite el desarrollo utilizando programación funcional o programación orientada a objetos (a su manera). El desarrollo que se explicará utilizará la segunda; que, aunque es más complicada de entender y obliga a realizar un mayor trabajo de programación, permite un mantenimiento mejor del código. Pues reduce el número de variables globales y encapsula las funciones (que pasan a denominarse métodos).

El libro parte de la premisa de que el lector conoce el lenguaje de programación JavaScript, u otro lenguaje de programación semejante. Aun así, si desea refrescarse en las instrucciones del lenguaje JavaScript, puede consultar el apéndice I. También se da por supuesto el conocimiento de la estructura del DOM (Modelo de Objetos del Documento), pero pueden consultarse sus características principales en el anexo II.

También es importante señalar que ciertas características que se incorporan a las aplicaciones hacen que JavaScript no sea un lenguaje de programación adecuado. Y que sea más conveniente la programación en otros lenguajes que se ejecuten, no en el cliente Web, sino en el servidor de aplicaciones. Así pues, lenguajes como PHP, ASP.Net o Java pueden ofrecer un conjunto funcional mayor, lo que facilita realizar aplicaciones complejas.

En este libro solo se trata la programación con JavaScript. Y la escritura de páginas web con HTML y CSS.

El uso de JavaScript

Respecto a la programación en el lenguaje JavaScript, es conveniente indicar que resulta más compleja que en otros lenguajes de programación por su flexibilidad, que permite que continúe la ejecución aunque tenga errores de programación, y por su peculiar implementación de la programación orientada a objetos. Algunas de las dificultades y peculiaridades de JavaScript son:

- Admite que una función se declare dentro de otra, y en cada anidamiento, las variables locales de la función contenedora pasan a ser variables globales de la función contenida. Es una especie de "namespace", algo diferente. Sin embargo, este anidamiento de funciones no se permite en otros lenguajes de programación, lo que hace complicada la migración de código.

- Respecto a la programación funcional o procedural, ésta se puede realizar sin problemas, aunque hay algunas dificultades añadidas, ya que las funciones no permiten el paso de datos básicos por referencia. Eso obliga a utilizar arrays; o a no emplear parámetros de salida (lo que es un error en mi opinión). Este inconveniente llega ser una molestia cuando se escribe código, pues hay que usar variables te tipo array, intermedias, para pasar datos y recuperarlos.

- Las referencias a funciones se realizan, simplemente, asignado su nombre a una variable y usando dicha variable como función. Lo que es sencillo. Sin embargo, si el número de parámetros pasados es incorrecto, el lenguaje no informa del error; lo que impide que se pueda corregir con facilidad.

- Los arrays son más flexibles que en otros lenguajes de programación. Y permiten que tengan índices no numéricos, sino mediante cadenas de caracteres. Sin embargo, el índice numérico sigue existiendo a pesar de no mencionarse. Eso duplica la manera de referenciarlos, aunque no es algo que se pueda considerar como negativo.

- Los objetos, o estructuras de datos, se comportan como arrays, y sus atributos tienen índices numéricos y, también, con un índice referenciado con cadenas de caracteres con el nombre del atributo. Es algo extraño, aunque no es algo negativo, en mi opinión.

- Arrays y objetos se diferencia en otros aspectos. Así, para copiar arrays básicos existe una función: `slice`. Pero para los objetos no se puede usar.

- Además, el **operador "=" no copia ni arrays ni objetos, sino que comparte referencias.** No saber esto, conduce a graves problemas de programación.

- Podemos conocer la longitud de un array con `<array>.length`, pero para un objeto hay que emplear `Object.keys (<objeto>).length`, que es algo artificioso.

- Otro peligro que presenta el código JavaScript es que, si escribimos mal un atributo de objeto, entonces, éste se añade al mismo en lugar de emitir un error. Para evitar esto, hay que utilizar `Object.seal`, al crear el nuevo objeto, y poner el modo estricto de ejecución: `"use strict"`.

- La creación de constantes también es peculiar, se hace con `const`, pero no se pueden crear atributos constantes de objetos con `this`. Podemos lograr algo semejante a las constantes miembro si empleamos la función: `Object.freeze`, en un objeto que contenga dichas constantes.

- Por otro lado, cuando una función no pertenece a una clase, puede seguir teniendo una variable `this`. Esto puede generar confusión.

- Respecto a la herencia en JavaScript, ésta no es fácil de implementar. Se puede realizar con la función `call` de la clase que se quiere incorporar, pero esto no resuelve los conflictos por duplicados de nombres. O asignándoselo al atributo `prototype` una vez que el objeto se ha creado, lo que no es la manera habitual de establecerla.

- Respecto a la ejecución del código JavaScript. Hay algunas diferencias entre los navegadores más corrientes: IE, FireFox y Chrome. De hecho, la aplicación se ha desarrollado únicamente para Chrome.

- Otro problema es que algunos navegadores (como Chrome) solo ejecutan JavaScript desde sitios Web, no desde archivos locales. Esto obliga a tener que instalar un servidor Web para poder probar la aplicación. Además, en la aplicación que se desarrolla en este libro, se hace uso de la etiqueta HTML5 **<canvas>** que interactúa con JavaScript. Desgraciadamente, su funcionamiento solo resultó adecuado en el navegador Chrome.

- Otro inconveniente de JavaScript está en la dificultad para pausar la ejecución de la aplicación. Ya que no existen equivalentes a la función "sleep", tan conocida en C. Por lo que hubo que probar programando un bucle donde se comparaban mediciones de tiempo; lo que no resultó bien al realizar las pruebas. De modo que no hubo más remedio que emplear la función JavaScript: `alert`.

Planteamiento del programa

El problema que trata de resolver este trabajo consiste en la resolución del cálculo del diámetro y anchura de un conjunto de puntos, y la separación entre dos conjuntos; por medio de calibres, es decir, de líneas paralelas.

Los datos de entrada consisten en puntos geográficos bidimensionales, con coordenadas x e y, que conforman una nube de puntos. De la nube, se obtiene el conjunto de puntos que conforman su perímetro. Luego se rodea dicho perímetro con una recta y se miden las distancias con los puntos del perímetro para conocer cuál es el ancho y el largo de la nube de puntos. Si se presentan dos nubes de puntos, además de los cálculos de una nube, se recorren las dos nubes con dos rectas paralelas para conocer cuál es la distancia mínima entre ambas nubes o para saber si una nube de puntos cruza o está dentro de la otra.

Aunque la idea primera que viene a la mente, es la de que es sencillo determinar las cotas de una nube de puntos por medio de calibres. Sin embargo, no hay que dejarse engañar por la facilidad mecánica de este proceso, ni por la enorme capacidad de cálculo que posee el análisis visual de los problemas gráficos del cerebro humano.

Adentrarse en la programación de un sistema de análisis de diámetro, anchura y separación, de nubes de puntos por medio de calibres; implica, más que nada, la investigación interior del proceso que es llevado a cabo por la mente humana para alcanzar esa solución visual, aparentemente tan fácil. Es, pues, una operación que nos conduce al estudio sobre el proceso automatizado que se realiza dentro del cerebro humano; al que no se le da la menor importancia.

A la hora de idear un algoritmo que resuelva las operaciones indicadas, nos encontramos frente a una gran multitud de posibilidades de solución. De las cuales, muy probablemente, gran cantidad de las mismas no son más que una mera apariencia, y no logran resolverlo. Ya que solo cubren un aspecto reducido de la explosión combinatoria de agrupaciones posibles de los puntos que determinan las nubes de puntos que representan el origen del problema.

Lo comentado anteriormente nos puede hacer reflexionar sobre la enorme dosis trabajo que realizar, para entender los procesos cerebrales interiores que conlleva el estudio de los posibles modos de solucionar un problema geométrico visual, de modo gráfico. Es preciso destacar los esfuerzos que, en este sentido, realizaron los ingenieros informáticos, precursores en el campo del análisis con computadoras de actividades sobre elementos visuales. Pues han sido ellos quienes han sentado las bases de lo que, luego, ha ido evolucionando en los sucesivos estudios posteriores.

Hallar un algoritmo que recoja, de alguna manera, el modo de analizar que tiene la mente humana, es altamente complicado. Y hay subrayar que es la propia experiencia la que va enriqueciendo el comportamiento analítico que se realiza. Llegándose a evolucionar desde concienzudos trabajos de "fuerza bruta"; hasta sofisticados algoritmos de análisis gráfico, de complejidad muy baja.

Descripción detallada del problema

Queremos desarrollar un programa informático que utilice métodos de análisis gráfico, empleando "calibres" sobre nubes de puntos.

- Dada una nube de puntos, realizará las mediciones de:
  - o Máxima distancia entre los puntos de la nube.
  - o Mínima distancia de las rectas paralelas que encierran la nube de puntos.
  - o Máxima distancia de las rectas paralelas que encierran la misma nube de puntos.
- Dadas dos nubes de puntos:
  - o Realiza las mismas mediciones individuales para cada una.
  - o Además, calcula las rectas paralelas que pasan por entre las dos nubes, a la distancia máxima. Es decir, encuentra el pasillo más ancho.

Como especificaciones adicionales, el propio programa se ve sujeto a los objetivos siguientes:

- **Búsqueda de soluciones de baja complejidad:**

Esta es, sin duda, una de las primeras premisas que se desea satisfacer. La solución encontrada deberá ser estudiada concienzudamente. Puesto que puede no sea la más eficiente; y que haga falta evolucionarla.

La búsqueda de una solución de baja complejidad nos obliga a un estudio detallado. Y a un esfuerzo mucho mayor que si nos contentáramos con encontrar una solución cualquiera.

- **Opción para la demostración, paso a paso, de la obtención de las soluciones:**

Esta condición se la puede considerar, de un modo práctico, como que no resulta suficiente con haber sido capaces de descubrir algoritmos de baja complejidad en la resolución de los problemas; sino que, también, es preciso poder enseñar, a quien utilice el programa, la manera en que éste ha trabajado para llegar a las mismas.

El modo, paso a paso, que se incorpora en el programa, permite, junto con las explicaciones oportunas, ilustrar el proceso; dándole un mayor valor.

- **Desarrollar un entorno de fácil manejo:**

Todo programa informático busca la sencillez de manejo. Y, aunque sea un objetivo secundario del programa, la consecución de éste no debe desdeñarse en modo alguno; ya que encierra un esfuerzo que, de otro modo, podía haberse evitado, en detrimento del usuario.

Calibres

El empleo de calibres, que perseguimos utilizar, no es más que una extensión de su propio concepto físico. Si buscamos en el diccionario el significado de la palabra "**calibre**" nos encontramos con una definición del tipo: "diámetro de la bala", o "diámetro interior del cañón de un arma de fuego; y, también, a muchos objetos huecos, como tubos, cañerías, etc."; las cuales atienden al sentido originario de la palabra. Sin embargo, en un diccionario enciclopédico, nos aparecerá descrito como "**calibre**" o "**calibrador**": "aparato para medir el grosor de alambres, tubos, láminas, etc."

Lo que pretende este trabajo, es la simulación del aparato descrito anteriormente. Atendiendo a la esencia de la medida que ofrece. La cual no es más que la de permitir separar, o alejar, dos rectas paralelas. A fin de ajustarlas al contorno, bien exterior o interior, de una figura; obteniendo, así, unas medidas de las distancias de las mismas.

Una vez descrito el principio en que se basa el programa, seleccionamos como medidas a localizar, por medio de la movilidad de rectas paralelas, las siguientes:

- Las medidas, máxima y mínima, de un objeto.
- Y la separación mínima de dos objetos.

Adoptamos como objetos de estudio, los elementos más simples: los puntos; pero asumiendo la complejidad de:

- Su desorden completo.
- El no conocer ni su perímetro, ni su número.

Dejando al programa el manejo de los mismos.

Casos de uso

Una de las formas más sencillas de describir una funcionalidad es mediante diagramas de Casos de Uso de UML, que son semejantes a los Mapas Conceptuales. En ellos, con frases sencillas, se describen las funcionalidades y las relaciones entre ellas. La manera de describir los casos de uso puede realizarse respondiendo a preguntas de tipo "¿qué?".

¿Qué programa queremos construir? ¿Qué actor va a hacer uso de él? ¿Qué puede hacer cada actor? Y para cada caso de uso... ¿qué otros casos permite como parte de él?, ¿y como elementos adicionales?, ¿y de qué casos de uso depende?, etc.

Los "actores" son el punto de partida de estos diagramas. Representan personas o sistemas que hacen uso de la aplicación. Los Casos de Uso se representan por una frase descriptiva de una funcionalidad. Normalmente, comienza por un verbo en infinitivo.

Los Casos de Uso del programa: "Calibres de nubes de puntos" pueden consultarse en la Ilustración 1.

Casos de Uso de la aplicación "Cálculo de calibres de nubes de puntos"

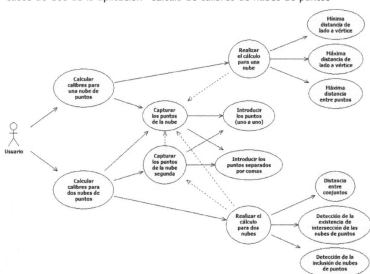

Ilustración 1: Caos de Uso del "Calculo de calibres de nubes de puntos"

Análisis de las especificaciones

Una vez que tenemos una idea clara de la funcionalidad, tenemos que realizar un análisis de la misma. Y obtener datos relativos a las limitaciones y características que debe cumplir.

En el aspecto de la interfaz de usuario, deberemos presentar un prototipo donde se encuentren las características pedidas a la aplicación. Por otro lado, la introducción de datos debe quedar limitada de alguna manera. Para poder realizar una presentación gráfica adecuada, debemos limitar las coordenadas de los puntos, de modo que no pueden superar los valores de -100 y 100.

El prototipo de la aplicación

Para la construcción del prototipo emplearemos la aplicación gratuita BlueGriffon de diseño Web (http://bluegriffon.org/). Y el entorno de desarrollo Netbeans, que es gratuito y se puede encontrar en: netbeans.org (aunque no es específico para JavaScript, emplearemos sus características para PHP para nuestro desarrollo con JavaScript).

El proyecto de trabajo empleará el conjunto de caracteres ISO-8859-1, que corresponde con el código Latin-1, adaptado al idioma Español. Otra opción sería emplear UTF-8, pero su uso supone un poco más de trabajo.

La aplicación se dividirá en Vistas Web con código JavaScript específico para la funcionalidad de cada página. Y existirá un marco principal que irá cambiando las Vistas dentro de él según sean necesarias. Dicho marco permitirá el paso de datos entre Vistas.

La aplicación se divide en código JavaScript Controlador, código de Modelo, conteniendo librerías para resolver cada funcionalidad. Y Vistas que contienen código HTML y realizan las llamadas a las librerías JavaScript. También pueden existen archivos mixtos de código HTML y JavaScript.

El marco principal se denomina: *index.html*, y contendrá las diferentes secciones de la página principal de la aplicación. La cuales son:

- Cabecera HTML: **<head>**.
  - o Sección JavaScript inicial.
  - o Inclusión de los archivos JavaScript necesarios.
- Cuerpo HTML: **<body>**.
  - o Vista con la **cabecera** de la página Web.
  - o Vista con el **margen izquierdo** de la página Web.
  - o Vista con el **contenido principal** de la aplicación.
  - o Vista con el **pie** de la página Web.
  - o Sección **controladora de las Vistas** JavaScript.

Para realizar los cambios de Vista, emplearemos marcos de tipo **<iframe>** donde se realizará una actualización de su contenido, al cambiar su URL, cuando sea necesario.

El aspecto de presentación de la página Web lo determinaremos utilizando hojas de estilo.

Creamos una **hoja de estilo** para la vista **horizontal**, otra para la vista **vertical** y otra conteniendo los estilos **comunes a ambas**. Los nombres de dichas hojas son: *calibre_nubes_horizontal.css*, *calibre_nubes_vertical.css* y *calibre_nubes.css*.

Para controlar cuándo utilizar la vista horizontal o la vertical, utilizamos el siguiente código JavaScript en la cabecera del el archivo marco de la aplicación, es decir, en *index.html*:

```
if (window.innerWidth < 800) {
  if (window.innerWidth < window.innerHeight * 3/4) {
    document.write ('<link
    href="calibre_nubes_vertical.css" rel="stylesheet"
    type="text/css">');
  } else {
    document.write ('<link
    href="calibre_nubes_horizontal.css" rel="stylesheet"
    type="text/css">');
  }
} else {
  document.write ('<link
  href="calibre_nubes_horizontal.css" rel="stylesheet"
  type="text/css">');
}
```

El código de la página index.html

La página index.html es el marco de toda la aplicación. Este método de desarrollo elegido permite el cambio de vistas mediante el uso de código JavaScript.

La forma de hacerlo es cargando la vista en un **<iframe>** que está dentro de una etiqueta **<div>** con el estilo **"visibility: hidden;"** para que el usuario no vea el código cargado. Una vez que el **<iframe>** tiene el contenido listo, lanza el evento **"onload"** que es capturado en Javascript usando el atributo de la etiqueta:

```
<iframe onload="ret = index_copiar_iframe ('<id del
iframe origen>', '<Vista (.html)>', '<id del div y
script(_js) destino>', '<Controlador (.js)>',
    error_0)">.
```

Por tanto, el **<iframe>** tiene el atributo **"id"** con el nombre que se usa en el parámetro pasado en la función. Y existe un **<div>** con el atributo "**id**" pasado como parámetro que contendrá el código que cargue el **iframe**. Puesto que el código asignado al atributo innerHTML no ejecuta código Javascript, es necesario crear una etiqueta <script> para cargar, en él, el controlador.

Respecto a las Vistas que incluimos de esta manera, deben cumplir una condición imprescindible:

• Todo su código debe estar dentro de las etiquetas: <body id="vista"> y </body>. Y ese "**id**" debe ser siempre "**vista**".

Antes de presentar el código de *index.html* hay que tratar otros aspectos. El primero es el hecho de que el título de la página, indicado con la etiqueta HTML: **<title>**, y que aparece en la lengüeta o en la barra superior del navegador; podría cambiar en función de la vista que contiene. Para ello utilizaremos la función index_poner_titulo. También hay que definir la estructura de la página, que va a estar compuesta por un bloque **<div>** que se divide en filas.

• La primera contiene el logotipo de la aplicación y el título que ponemos en la cabecera de la misma.

• Luego le sigue otra fila que contiene el menú con las operaciones que podemos realizar en la aplicación. Seguido por el bloque donde presentamos el contenido y los resultados, de la aplicación.

• Después hay una fila para permitir que aparezcan allí los mensajes de error.

• La última fila se corresponde con el pie de página, donde aparece un texto informativo. Tal vez el copyright o enlaces a "conózcanos" y a "contáctenos".

La sección de cabecera HTML de *index.html* es:

```
<script src="index_con.js"></script>
<script src="globales_mod.js"></script>
<script>
"use strict";
var ret = true;
var error_0 = [""];
var global = Object.seal (new globales (error_0));
</script>
<meta content="text/html; charset=iso-8859-1" http-
  equiv="content-type">
<title id="titulo">Calibre de nubes de puntos</title>
```

```
<meta content="Emilio Aguilar Guti&eacute;rrez"
  name="author">
<meta content="P&aacute;gina Web principal de la
  aplicaci&oacute;n de ejemplo del libro &quot;Programación
  de una aplicación cliente Web en JavaScript&quot;."
  name="description">
<meta content="Programaci&oacute;n, Web, JavaScript"
  name="keywords">
<link rel="icon" href="favicon.ico" type="image/x-icon">
<script>
if (window.innerWidth < 800) {
  if (window.innerWidth < window.innerHeight * 3/4) {
    document.write ('<link
    href="calibre_nubes_vertical.css" rel="stylesheet"
    type="text/css">');
  } else {
    document.write ('<link
    href="calibre_nubes_horizontal.css" rel="stylesheet"
    type="text/css">');
  }
} else {
  document.write ('<link
  href="calibre_nubes_horizontal.css" rel="stylesheet"
  type="text/css">');
}
</script>
<link href="calibre_nubes.css" rel="stylesheet"
  type="text/css">
<script src="lib/opciones.js"></script>
```

Todo el código JavaScript se va a ejecutar en modo estricto "use strict" pues permite detectar y corregir mejor los errores de programación.

En la sección de JavaScript inicial creamos dos variables globales: ret y error_0 (es un array porque se utiliza como parámetro de salida). Las utilizaremos en todas las vistas. Una recoge el retorno de las funciones, y la otra los mensajes de error.

En la sección de inclusión de archivos JavaScript ponemos el *"index_con.js"* que contiene las funciones que utilizaremos. Tanto las vistas como las páginas Web tienen el código separado entre el lenguaje HTML y el lenguaje JavaScript, de la manera mayor posible, dentro de lo razonable. Por ese motivo, existen archivos terminados en *"_con.js"* para el código JavaScript del controlador de la Vista o de la página Web (la extensión *".js"* indica que solo tienen código

JavaScript). Tienen el mismo nombre (salvo el sufijo) de la operativa que resuelve. Las Vistas tienen el sufijo "_vis.html" para diferenciarlas de las páginas Web completas, que no tienen sufijo.

Cuando incluimos un archivo JavaScript utilizamos la etiqueta **<script></script>** sin contenido dentro. El atributo "**defer**" se utiliza si sus funciones son llamadas a partir de eventos; para que espere, a ejecutar su código, para cuando tenga analizada la página entera. También se puede evitar utilizar el atributo "**async**", por programación (**async = false**), para que se cargue síncronamente. Otra operación a mencionar es el uso del evento "**onload**" para ejecutar código cuando el **<script>** o el **<iframe>** se han cargado totalmente.

El cuerpo **<body>** de la página *index.html* es el siguiente:

```
<body onload="index (error_0)">
<div id="tabla_principal">
    <div id="cabecera_principal"></div>
    <div id="cuerpo_principal">
        <div id="margen_izquierdo" class="lado_izquierdo
        alto"></div>
        <div id="contenido" class="lado_derecho"></div>
        <div class="fila_error">
            <div class="lado_izquierdo"></div>
            <div id="index_error" class="lado_derecho
            error"></div>
        </div>
    </div>
</div>
<div class="centrar" id="pie_principal"></div>
<div class="oculto">
    <iframe class="oculto" id="cabecera_iframe" ></iframe>
    <iframe class="oculto" id="margen_izquierdo_iframe "
    ></iframe>
    <iframe class="oculto" id="contenido_iframe "></iframe>
    <iframe class="oculto" id="pie_iframe "></iframe>
</div>
<script>
"use strict";
function index (error_0)
{
    var ret = true;
    var titulo = "Calibre de nubes de puntos";
    ret = index_poner_titulo (titulo, error);
    if (ret) {
```

```
    ret = index_cargar_iframe ("cabecera_iframe",
    "cabecera_vis.html", 'cabecera_principal',
    "",error_0);
}
if (ret) {
    ret = index_cargar_iframe ("margen_izquierdo_iframe
    ", "margen_izquierdo_vis.html", "margen_izquierdo",
    "margen_izquierdo_con.js", error_0);
}
if (ret) {
    ret = index_cargar_iframe ("contenido_iframe ",
    "leer_puntos_vis.html", "contenido",
    "leer_puntos_con.js", error_0);
}
if (ret) {
    ret = index_cargar_iframe ("pie_iframe ",
    "pie_vis.html", "pie_principal", "", error_0);
}
    return ret;
}
</script>
</body>
```

Es importante señalar que por cada **<id>** destinatario de la Vista (que se carga gracias al **<iframe>**). Vamos a utilizar una etiqueta **<script>** nueva, en el **<head>**, para cargar allí el archivo con las funciones JavaScript de cada Vista. El identificador de la etiqueta **<script>** el igual que el de la etiqueta **<div>** que precede, más el sufijo "_js".

Puede observarse que la carga de los **<iframe>** se deja para el final, y dentro de una etiqueta con el estilo "oculto". La última sección corresponde con código JavaScript que realiza las llamadas a las funciones del controlador de *index.html*, que están en: *index_con.js*, excepto: index (error_0), que está al final de la página. El motivo de esto es porque esta función es la constructora inicial de la página *index.html*, motivo por el que tiene el mismo nombre de la página. Se trata de una función muy poco reutilizable, por lo que no se ponen en el archivo: *index.js*. El cual contiene las funciones comunes al **marco index** de cualquier aplicación.

Respecto al código JavaScript que controla qué hoja de estilo CSS aplicar, no necesitan estar en *index.js*. Esto permite que se lea ese código, fácilmente, cuando se consulte el archivo *index.html*. Lo que es positivo, pues es fácil de entender y contiene el criterio elegido para utilizar un CSS u otro.

Las funciones que aparecen en el código, de *index_con.js*, son las siguientes:

```
"use strict"; // Modo de operación elegido para cada script

function index_poner_titulo (titulo, error_0)
{
    var ret = true;
    var elemento_titulo = document.getElementById
("titulo");
    elemento_titulo.innerHTML = titulo;
    return ret;
}

function index_poner_error (id, mensaje, error_0)
{
    var ret = true;
    var elemento_titulo = document.getElementById (id);
    elemento_titulo.innerHTML = mensaje;
    return ret;
}

function index_cargar_iframe (id_iframe, href, div_destino,
  href_js, error_0)
{
    var ret = true;
    var elemento_iframe = document.getElementById
    (id_iframe);
    elemento_iframe.src = href;
    elemento_iframe.async = false;
    elemento_iframe.onLoad = function () {
        ret = index_copiar_iframe (id_iframe, div_destino,
        error_0);
        if (ret) {
            if (href_js != undefined && href_js != "") {
                index_cargar_javascript (div_destino +
                '_js', href_js, null, error_0);
            }
        }
    }
    elemento_iframe.contentDocument.location.href = href;
    return ret;
}

function index_copiar_iframe (origen, destino, error_0)
```

21

```
{
    var ret = true;
    var elemento_marco = document.getElementById (origen);
    var contenido_marco;
    if (elemento_marco.contentDocument)
    { // FF, Chrome
        contenido_marco =
        elemento_marco.contentDocument.getElementById
        ("vista");
    }
    else if (elemento_marco.contentWindow)
    { // IE
        contenido_marco =
        elemento_marco.contentWindow.document.getElementByI
        d ("vista");
    }
    var elemento_destino = document.getElementById
(destino);
    if (contenido_marco != undefined) {
        elemento_destino.innerHTML =
        contenido_marco.innerHTML;
    }
    return ret;
}

function index_cargar_javascript (id, src, funcion_onload,
  error_0)
{
    var ret = true;
    var elemento_id = document.getElementById (id);
    if (elemento_id != null) {
        var elemento_padre = elemento_id.parentNode;
        elemento_padre.removeChild (elemento_id);
    }
    var js = document.createElement ('script');
    js.id = id;
    js.async = false;
    if (funcion_onload != undefined && funcion_onload !=
      null) {
        js.onload = funcion_onload;
    }
    js.src = src;
    document.getElementsByTagName ('head')[0].appendChild
      (js);
    return ret;
}
```

La función `index_cargar_iframe` realiza una acción muy interesante: programa un evento "**onload**" para la etiqueta **<iframe>**. Esto lo hacemos asignando el código del evento, en una función anónima (sin nombre), mediante: = `function ()`. En ella se llama a la función que copia el contenido del **<iframe>** en el **<div>** de destino.

NOTA: La propiedad: innerHTML no permite incluir código JavaScript excepto dentro de eventos etiquetas. Si encuentra etiquetas <script>, no las ejecuta.

Por ese motivo hay que emparejar las Vistas con sus controladores. El archivo controlador se carga con la función `index_cargar_javascript` mediante el mecanismo de crear una etiqueta `<script id="<div_destino+'_js'>">`, por programación, con el mismo identificador que tiene el **<div>** de destino, más el sufijo "_js". La etiqueta **<script>** será hija de la etiqueta **<head>**. Y si existía un **<script>** con el mismo "id", es destruido antes de crear el nuevo.

Criterios de codificación

Los identificadores que crearemos seguirán unas normas que facilitarán su uso. Estas son:

- Empleamos palabras completas, separadas por el guion bajo (_). Sin emplear caracteres especiales como los acentos, la ñ o la ç.

- En las variables y parámetros solo emplearemos las letras minúsculas, y en singular.

- Los nombres de archivos están en plural, igual que los nombres de las clases (las funciones constructoras).

- Las constantes globales se crean con `const` y su nombre está entero a mayúsculas; o todo a minúsculas y comenzando por "k_". Y en singular.

   o Las constantes solo las empleamos como elementos globales, o privados en las clases.

   o Las constantes se asignan a `this` tras crearlas usando: `Object.freeze ({ <nombre constante>: <valor>, <otro nombre constante>: <otro valor>});`

- Cuando creamos un array, utilizamos `[ ]` en lugar de `new Array`, salvo en casos excepcionales.

23

- Creamos todas las clases mediante funciones constructoras, en lugar de mediante estructuras JSON (salvo excepciones), pues nos da más control sobre el código.
- Cuando creamos un objeto utilizamos `Object.seal` (new `<función constructora>`);. Esto evita que se añadan atributos al objeto fuera de su función constructora.

Nomenclatura de las funciones

Las funciones que programaremos tienen características comunes, lo que nos permite una cierta comodidad para realizar su mantenimiento. Estas son:

- El nombre de las funciones comienza por el nombre de su funcionalidad (es decir, el nombre de su archivo, sin el sufijo "_con").
- Luego le sigue un verbo en infinitivo y el predicado que las describe.
- Empleamos palabras completas, separadas por el guion bajo (_). Sin emplear caracteres especiales como los acentos, la ñ o la ç. Y solo emplearemos las letras minúsculas.
- Tienen el parámetro `error_0`, al final. Donde se devuelven los mensajes de error, si lo hay.
- Devuelven siempre un valor booleano: `true` o `false`.
  - o Usan la variable: `ret`, para indicar si termina con verdad o bien, sin errores, con el valor `true`; o con el valor `false` cuando su resultado es falso o hubo algún error.

Los scripts

Las clases y los métodos se pueden construir de diferentes maneras. En esta aplicación las construiremos declarando una función con un único parámetro: `error_0`, que es una array de un elemento: una cadena de texto conteniendo un mensaje de error, si lo hay.

Todos los script comienzan con `"use strict"`; pues es el mejor modo para detectar los errores de programación.

La función constructora de un objeto tendrá el mismo nombre que el archivo donde se declara (sin el sufijo _con o _mod). Todas las funciones comienzan con el nombre del módulo donde se declaran, seguido de un guion bajo (_). Dentro de ella se definen los métodos de la clase. Los privados y los públicos.

Los públicos son asignados a atributos con el mismo nombre que la función pero sin el prefijo.

Los atributos privados no se declaran con this, sino que son variables locales de la función constructora del objeto, es decir, globales para los métodos declarados dentro de ella.

El menú izquierdo de la aplicación

Respecto al menú izquierdo, éste va a tener las siguientes opciones:

- Inicio: Nos lleva al punto de comienzo de la aplicación.
- Una nube: Da acceso a la funcionalidad del cálculo de calibre para una nube de puntos.
- Dos nubes: Da acceso a la funcionalidad del cálculo de calibre para dos nubes de puntos.
- Conózcanos: Nos lleva a una página de descripción de la aplicación.
- Contáctenos: Permite encontrar información de contacto.

El contenido por defecto se corresponde con la Vista que permite la introducción de puntos para una nube, que es la que tiene por defecto.

Para tener el prototipo terminado, necesitamos diseñar el logotipo de la aplicación, y el icono que presentaremos en la lengüeta, o el título superior del navegador. Dicho icono va a tener el nombre: *favicon.ico*. Y un tamaño pequeño, de 64 pixeles de lado.

El logotipo podría ser el de la Ilustración 2:

Ilustración 2: Logotipo de Calibre-Nubes

El diseño se ha hecho muy sencillo, a modo de ejemplo, y sería el que se presenta en la Ilustración 3:

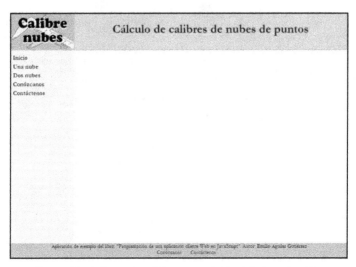

Ilustración 3: Prototipo del marco principal de la aplicación

Las Vistas de captura de datos

Las siguientes vistas deben permitir los tres tipos de captura de datos: Generación aleatoria, punto a punto, y por valores separados por comas.

El segundo caso, punto a punto, debe permitir que se introduzca la coordenada **x** y la coordenada *y* de un punto; con los valores restringidos entre -100 y 100, para cada coordenada.

El número de puntos es ilimitado, de modo que hay que ir poniendo los puntos en una lista, según se van incluyendo, y permitir que se sigan introduciendo más. Sin embargo, tenemos que permitir que los puntos de la lista se puedan borrar, por lo que hay que poner un botón para borrar cada punto a la izquierda de sus coordenadas.

La Vista se crea en el archivo *leer_puntos_vis.html*. Como todas las vistas, estará entre las etiquetas <body id="vista"> y </body>.

Un ejemplo de dicha página sería la Ilustración 4.

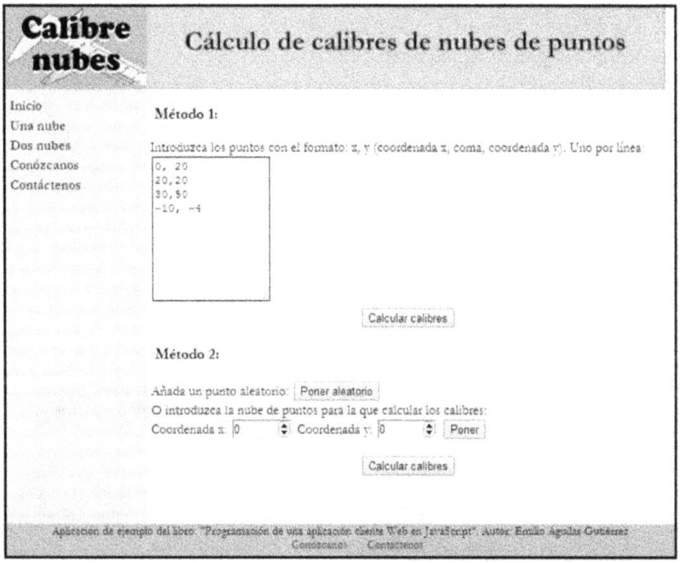

Ilustración 4: Prototipo de la Vista de captura de los puntos de la nube

En el prototipo se han tenido en cuenta los mensajes que pudieran ser necesarios presentarle al usuario.

Para el caso de dos nubes de puntos, optamos por una Vista nueva, *leer_puntos_2_nubes_vis.html*, que puede verse en la Ilustración 5.

Decisiones de planificación del proyecto

Una vez que hemos comenzado el trabajo de desarrollo, debemos plantearnos cómo queremos realizarlo.

Podemos trabajar sobre toda la interfaz de usuario y dejar para el final la funcionalidad, que es lo que de verdad aportará los resultados esperados. O podemos elegir una funcionalidad aislada, implementarla, y, luego, continuar con otra. Y, así, sucesivamente hasta completarla toda.

La ventaja del segundo sistema es que vamos consiguiendo pequeños logros funcionales. Y, estos, al cubrir todos los aspectos más importantes del desarrollo: interfaz, controlador y modelo; nos aportan experiencia. La desventaja es que, a veces, tenemos que deshacer todo lo hecho. Ya que el destinatario del proyecto, al no haber concretado la interfaz de usuario totalmente, puede desear hacer cambios que afecten al trabajo realizado.

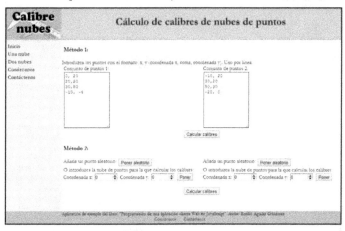

Ilustración 5: Leer puntos de dos nubes.

En este libro vamos a ir cubriendo funcionalidades completas, porque el interfaz de usuario no es un elemento de riesgo que amenace el trabajo que vayamos haciendo. Sin embargo, elegir el modelo de dirección del proyecto puede ser algo verdaderamente importante por las consecuencias que conlleva. Así, en nuestro caso, vamos a iniciar, primero, la parte del cálculo de calibres para una nube de puntos.

La decisión de trabajar de esta manera es que el desarrollo que hagamos nos va a proporcionar una experiencia. La cual podremos aprovechar en la funcionalidad del cálculo de calibres para dos nubes de puntos.

El orden que el proyecto seguirá será: Cálculo de calibres para una nube de puntos y Cálculo de calibres para dos nubes de puntos. Al finalizar el proyecto, seguramente habremos tenido que modificar algunas de las Vistas comunes a las funcionalidades, pero las modificaciones de un proyecto son muy habituales y no debemos pensar que esos cambios son perjudiciales por el hecho de que no los habíamos contemplado. Precisamente, la planificación de un proyecto es un trabajo muy complejo y, siempre, sujeto a errores y contratiempos. Pero, a pesar de todo, los proyectos se culminan con éxito si se aporta la energía y esfuerzo, preciso durante todo el tiempo que demanden.

Comenzando a programar

Los hiperenlaces

Antes de comenzar a trabajar sobre la Vista: *leer_puntos_vis.html*, vamos a darle funcionalidad a la opción "Una nube" del menú de la izquierda. Que está en *margen_izquierdo_vis.html*.

Podemos utilizar dos técnicas de gestión de hiperenlaces:

- Utilizar los hiperenlaces mediante la etiqueta **<a>** de HTML para ir a la propia página, pero pasándole datos. Y, luego, recuperarlos por medio de la URL; extrayendo los parámetros de la consulta (**query_string**).

- Utilizar el evento "**onclick**" en la etiqueta **<a>** y poner allí código JavaScript que haga el trabajo de cambiar de Vista. Y hacer que el hiperenlace no cambie de página, conteniendo, por tanto, solo una referencia local: "**#**".

El uso de hiperenlaces es algo más complicado, pero permite aprovechar la característica del navegador de página atrás. Aunque esto puede ser también un inconveniente, si cambiamos los estados de la aplicación fuera del paso de datos por la URL.

Para el menú izquierdo vamos a emplear los eventos JavaScript. La vista queda así:

```
<body id="vista">
    <ul class="lista">
        <li class="lista_linea"><a onclick =
        "margen_izquierdo_inicio (error_0);"
        href="#">Inicio</a></li>
        <li class="lista_linea"><a onclick =
        "margen_izquierdo_una_nube (error_0);" href="#">Una
        nube</a></li>
        <li class="lista_linea"><a onclick =
        "margen_izquierdo_dos_nubes (error_0);"
        href="#">Dos nubes</a></li>
        <li class="lista_linea"><a onclick =
        "margen_izquierdo_conozcanos (error_0);"
        href="#">Con&oacute;zcanos</a></li>
        <li class="lista_linea"><a onclick =
        "margen_izquierdo_contactenos (error_0);"
        href="#">Cont&aacute;ctenos</a></li>
    </ul>
</body>
```

Es importante señalar que el contenido de href de la etiqueta <a> contiene únicamente "#". Esto indica que es una referencia interna dentro de la página. Y, por tanto, no se recarga la página. Lo que nos interesa, pues, de otro modo, se volvería a ejecutar la función indicada en: <body onload="index (error_0);">; reiniciándose todo al punto inicial.

El archivo *margen_izquierdo_con.js* contendrá el código de las funciones, la que cambia la vista de "Una nube" es:

```
function margen_izquierdo_una_nube (error_0)
{
    var ret = true
    ret = index_cargar_iframe ("contenido_iframe",
    "leer_puntos_vis.html", "contenido",
    "leer_puntos_con.js", error_0);
    return ret;
}
```

La captura de los datos de un formulario

Los formularios en HTML se crean con la etiqueta <form>. Y para gestionarlos correctamente les damos un identificador único.

Los controles de entrada de datos corresponden con la etiqueta <input> y con <select><option>. En ambos casos se le identifica con el atributo "id".

NOTA: Es muy importante que los identificadores no coincidan con otros elementos. Pues se producirían conflictos si, por ejemplo, un identificador tiene el mismo nombre que una función.

Como norma general. Establecemos que todos los identificadores y nombres de una página Web o de una Vista comienzan con el nombre de su archivo (sin sufijo). Eso nos permite localizarlos con más comodidad. Los identificadores deberían cumplir con las recomendaciones siguientes:

- Solo se usan minúsculas, sin caracteres especiales como los acentos, la ñ y la ç.
- Palabras completas, separadas por el guion bajo (_).
- Se intenta que terminen en singular, salvo excepciones.

La lectura de los datos de un formulario no se puede realizar cuando hay cambio de página Web. Por ese motivo, la lectura de sus datos debe realizarse en respuesta a eventos. Normalmente. se programa un evento **"onclick"** en cada botón de envío del formulario. Y se impide que el formulario cambie de página evitando que sean de tipo **"submit"**.

El botón de añadir puntos a la lista inferior tendrá el código HTML de *leer_puntos_vis.html* siguiente:

```
<input onclick="leer_puntos_poner (error_0);"
  id="leer_puntos_poner_boton" value="Poner" type="button">
```

También podríamos poner un botón que genere los puntos de manera aleatoria. Para ello usaríamos la función `Math.random` y `Math.round`, con la fórmula: `Math.round (Math.random () * 100)`.

La lista donde se van a ir incorporando los puntos tiene la siguiente etiqueta:

```
<ol id="leer_puntos_ol">
</ol>
```

La función `leer_puntos_poner` definida en *leer_puntos_con.js* tiene el siguiente código:

```
function leer_puntos_poner (error_0)
{
    var ret = true;
    var elemento_form = document.getElementById
    ("leer_puntos_form");
    var coordenada_x =
    elemento_form.leer_puntos_coordenada_x.value;
    var coordenada_y =
    elemento_form.leer_puntos_coordenada_y.value;
    var elemento_lista = document.getElementById
    ("leer_puntos_ol");
    var elemento_li = document.createElement ("LI");
    elemento_li.innerHTML = "(" + coordenada_x + ", " +
    coordenada_y + ")";
    var elemento_input = document.createElement ("INPUT");
    elemento_input.type = "button";
    elemento_input.value = "Borrar";
    elemento_input.onclick = function () {
        leer_puntos_borrar (elemento_input, error_0);
    };
    elemento_li.appendChild (elemento_input);
    elemento_lista.appendChild (elemento_li);
    return ret;
}
```

Esta función lee los datos del formulario al obtenerlo por su "**id**". Luego accede a los campos "**input**" directamente por su "**id**". Una vez que tiene las coordenadas x e y, crea un texto con el formato "(x, y)" y lo asigna a un nuevo elemento "**<li>**"; creado con document.createElement. También crea un "**<input>**" de tipo "**button**", con el texto "Borrar", y le asigna una función para manejar el evento "**onclick**". Sus parámetros son: el propio elemento, y una cadena para recuperar mensajes de error, si los hay.

Cuando se pulse el botón "Borrar", se llama a la función leer_puntos_borrar, que eliminará esa línea de la lista **<ol>**. Su código es el siguiente:

```
function leer_puntos_borrar (este, error_0)
{
    var ret = true;
    var elemento_padre = este.parentNode;
    var elemento_abuelo = elemento_padre.parentNode;
    elemento_abuelo.removeChild (elemento_padre);
    return ret;
}
```

Una vez que tenemos los puntos, falta la lectura de todos ellos cuando se pulse el botón "Calcular el calibre". Hay tres modos de introducir los puntos. Para el primer método (uno a uno) y para la generación aleatoria, la función recorre la lista **<ol>** y obtiene el texto de cada etiqueta **<li>**. El código es:

```
function leer_puntos_calcular_ol (error_0)
{
    var ret = true;
    var elemento_lista = document.getElementById
    ("leer_puntos_ol");
    var elemento;
    var puntos_array = [];
    var texto;
    var patron = /-?[0-9]+/g;
    var resultado_array;
    for (elemento in elemento_lista.childNodes) {
        if (elemento_lista.childNodes [elemento].nodeName
        == "LI") {
            texto = elemento_lista.childNodes
            [elemento].innerText;
            resultado_array = texto.match (patron);
            if (resultado_array [0] != undefined) {
                puntos_array.push (resultado_array [0]);
            }
```

```
            if (resultado_array [1] != undefined) {
                puntos_array.push (resultado_array [1]);
            }
        }
    }
    if (ret) {
        ret = leer_puntos_cambiar_vista (puntos_array,
          error_0);
    }
    if (error_0 [0] != "") {
        global.poner_error (error_0 [0], error_0);
    }
    return ret;
}
```

Para extraer los puntos de su formato: "($<$punto$_1>$, $<$punto$_2>$)" utilizamos una expresión regular que localice los números. La expresión es: /-?[0-9]+/g, y define los números como un signo "-" opcional, y una agrupación de 1 a n números entre 0 y 9. El modificador "g" indica que la búsqueda debe ser global. Y debe, por tanto, encontrar todos los números que cumplen con el formato, usando la función match.

Para el segundo método de lectura de puntos, también utilizamos una expresión regular para recuperar los números. Su código es:

```
function leer_puntos_calcular_textarea (error_0)
{
    var ret = true;
    var elemento_textarea = document.getElementById
    ("leer_puntos_textarea");
    var texto = elemento_textarea.value;
    var puntos_array = new Array ();
    var patron = /-?[0-9]+/gm;
    puntos_array = texto.match (patron);
    var i;
    for (i in puntos_array) {
        if (puntos_array [i] <= -100
          || puntos_array [i] >= 100) {
            var mensaje = [];
            mensaje ["es"] = "Las coordenadas deben estar
              entre -100 y 100. ";
            error_0 [0] = mensaje [global.idioma];
            break;
        }
    }    if (ret) {
```

```
        ret = leer_puntos_cambiar_vista (puntos_array,
        error_0);
    }
    return ret;
}
```

En ambas funciones, los puntos se almacenan en un array donde las posiciones pares son las coordenadas **x**, y las posiciones impares son las coordenadas *y*.

Los mensajes de error emplean la variable: global, para ponerlos en el idioma español ("es") y asignárselos a la variable: error_0 [0], en el idioma configurado con: global.idioma. La variable: global, se ha creado en *index.html* y se explica más adelante.

A continuación, realizamos un cambio de Vista para pasar al tratamiento de los puntos leídos. Llamando a la función:

```
function leer_puntos_cambiar_vista (puntos_array, error_0)
{
    var ret = true;
    var tam = puntos_array.length;
    if (tam <= 2) {
        ret = false;
        var mensaje = [];
        mensaje ["es"] = "Deben introducir dos puntos o
        más. ";
        error_0 [0] += mensaje [global.idioma];
    }
    if (ret) {
        if (tam % 2 != 0) {
            ret = false;
            mensaje = [];
            mensaje ["es"] = "No se han introducido los
            puntos correctamente. ";
            error_0 [0] += mensaje [global.idioma];
        }
    }
    if (ret) {
        global.array = puntos_array;
        ret = global.cargar_iframe ("contenido_iframe",
        "unas_nubes_vis.html", "contenido",
        "unas_nubes_con.js", error_0);
    }
    return ret;
}
```

Expresiones regulares en JavaScript

Las expresiones regulares permiten buscar cadenas de texto conforme a unas instrucciones de formación particulares.

Se pueden construir de dos maneras:

```
var exp_regular = new RegExp (<patron>, <modificador>);
var exp_regular =/<patron>/<modificador>;
```

El <modificador> puede ser:

- i - Ignora la diferencia entre mayúsculas y minúsculas.
- g - Realiza una búsqueda global (todos los casos encontrados, en lugar de parar después de la primera coincidencia)
- m - Realizar la búsqueda en un texto multi-línea.

El <patrón> puede ser:

Expresiones entre **corchetes**:

- [abc] - Buscar cualquier carácter entre los corchetes
- [^ abc] - Buscar cualquier carácter que no estén entre los corchetes.
- [0-9] - Encuentra cualquier dígito entre 0 y 9.
- [^ 0-9] - todas las cifras no estén entre 0 y 9.
- (x | y) - Buscar cualquiera de las alternativas especificadas.

Metacaracteres:

Los metacaracteres son caracteres con un significado especial:

- . - Encuentra un solo carácter, excepto una línea nueva o final de línea.
- \w - Encontrar un carácter de palabra.
- \W - Encontrar un carácter no-palabra.
- \d - Encontrar un dígito.
- \D - Encontrar un carácter no-dígito.
- \s - Encontrar un carácter de espacio en blanco.
- \S - Encontrar un carácter no sea espacio en blanco.
- \b - Encontrar una coincidencia cualquiera al principio/final de una palabra.
- \B - Encontrar una coincidencia cualquiera no al principio/final de una palabra.
- \0 - Encontrar un carácter nulo.

- \n - Encontrar un carácter de nueva línea.
- \f - Encontrar un carácter de avance de página.
- \r - Encontrar un carácter de retorno de carro.
- \t - Encontrar un carácter de tabulación.
- \v - Encontrar un carácter de tabulación vertical.
- \xxx - Encontrar el carácter especificado por un número octal xxx.
- \xdd - Encontrar el carácter especificado por el número hexadecimal dd.
- \uxxxx - Encontrar el carácter Unicode especificado por un número hexadecimal xxxx.

Cuantificadores:

Son los símbolos que aparecen al lado de una expresión "n".

- n+ - Coincide con cualquier cadena que contiene al menos una coincidencia con "n".
- n* - Coincide con cualquier cadena que contiene cero o más apariciones de "n".
- n? - Coincide con cualquier cadena que contiene cero o una ocurrencia de "n".
- n{X} - Coincide con cualquier cadena que contiene una secuencia de X veces "n".
- n{X, Y} - Coincide con cualquier cadena que contiene una secuencia de X a Y veces "n".
- n{X,} - Coincide con cualquier cadena que contiene una secuencia de al menos X veces "n".
- n$ - Coincide con cualquier cadena con "n" al final de la línea.
- ^n - Coincide con cualquier cadena con "n" al comienzo de la línea
- ?=n - Coincide con cualquier cadena que va seguido de una cadena específica "n".
- ?!n - Coincide con cualquier cadena que no vaya seguida de una cadena específica "n".

Los métodos del objeto **RegExp** son, entre otros:

- exec () - Devuelve la primera coincidencia de la búsqueda.
- test () - Devuelve true si hay coincidencia en la búsqueda, false en caso contrario.

- toString ()- Devuelve la expresión regular como una cadena de caracteres.

El objeto **String** también utiliza expresiones regulares, con:

- match () - Busca una cadena o una expresión regular en una cadena de caracteres. Devuelve el elemento encontrado, o un array de ellos.
- replace () - Busca una cadena o una expresión regular en una cadena de caracteres y la reemplaza.
- search () - Busca una cadena o una expresión regular en una cadena de caracteres. Devuelve la posición del elemento encontrado.

El cambio de vista

Para cambiar a una vista, empleamos la función global de *index_con.html*: index_cargar_iframe. Pero por medio del objeto global, con global.cargar_iframe.

El objeto global está definido en el archivo: *globales_mod.js*, (*_mod*, pues representa un modelo).

En él se establece un sistema para manejar texto por idiomas. Para ello se crea el identificador de idioma actual, conforme al código de idiomas ISO 639.

La clase globales es la siguiente:

```
function globales (error_0)
{
    this.idioma = "es";
    this.texto_array = [];
    this.texto_array ["es"] = "";
    this.objeto = null;
    this.array = [];
    this.opcion = Object.seal (new opciones (error_0));
    this.mensaje = null;
    this.poner_error = function (mensaje, error_0) {
        var ret = index_poner_error ("index_error",
        mensaje, error_0);
        return ret;
    }
    this.cargar_iframe = index_cargar_iframe;
    this.cargar_javascript = index_cargar_javascript;
    this.copiar = globales_copiar;
}
```

```
function globales_copiar (origen, destino)
{
    if (typeof (origen) == "object") {
        if (! Object.isFrozen (origen)) {
            for (var i in origen) {
                destino [i] = globales_copiar (origen [i],
                    destino [i]);
            }
        }
        return destino;
    } else {
        return origen;
    }
}
```

También presenta atributos para el paso de datos, tanto como "objeto" como por "array".

Al ser una función constructora de objetos, no tiene retorno.

En el marco index.html se crea el objeto global: global = new globales (error_0);

La Vista que es cargada

Tras cargar unas_nubes_vis.html se procede la llamada del evento "onload", que va a insertar una etiqueta **\<script\>** para el código de unas_nubes_con.js.

El archivo de código contiene la función constructora de la clase unas_nubes. Además, llama automáticamente, al cargarse, a la función unas_nubes_controlador, pues está en el archivo como una llamada, no como una definición:

```
// Llamada que ejecutar al cargar el archivo:
unas_nubes_controlador (error_0);
```

La función unas_nubes_controlador, construye un objeto de la clase unas_nubes, luego carga un bloque **\<div\>** nuevo, utilizando un **\<iframe\>** (Se explica más adelante). Después carga todos los script que se van a necesitar (secuenciándolos mediante el evento "onload"). Y finalmente llama a la función unas_nubes_crear_calibre. Su código es el siguiente:

```
function unas_nubes_controlador (error_0)
{
```

```
ret = global.cargar_iframe ("mensajes_iframe",
"mensajes_vis.html", "mensajes", "", error_0);
if (ret) {
    ret = global.cargar_javascript ("mensajes_js",
    "mensajes_con.js", function () {
        global.cargar_javascript ("puntos_js",
        "lib/puntos.js", function () {
            global.cargar_javascript ("rectas_js",
            "lib/rectas.js", function () {
                global.cargar_javascript ("segmentos_js",
                "lib/segmentos.js", function () {
                    global.cargar_javascript ("triangulos_js",
                    "lib/triangulos.js", function () {
                        global.cargar_javascript ("geometrias_js",
                        "lib/geometrias.js", function () {
                            global.cargar_javascript
                            ("contextos_graficos_js",
                            "lib/contextos_graficos.js", function ()
                            {
                                global.cargar_javascript
                                ("calibres_nubes_js",
                                "lib/calibres_nubes.js", function () {
                                    unas_nubes_crear_calibre (error_0);
                                }, error_0);
                            }, error_0);
                        }, error_0);
                    }, error_0);
                }, error_0);
            }, error_0);
        }, error_0);
    }, error_0);
}
if (error_0 != "") {
    global.poner_error (error_0 [0], error_0);
}
return ret;
}
```

Elementos adicionales

Para comenzar la programación del cuerpo operativo de la funcionalidad, todavía faltan algunos detalles de entorno que nos van a resultar necesarios.

El comportamiento de los métodos a escribir va a estar condicionado por las opciones de la aplicación. Estas son definidas en el código de programación y no le damos posibilidad al usuario a cambiarlas. Por ello, podemos definir el objeto que va a contener todas las opciones del programa, para que pueda ser conocido por las operativas que los necesitan; y construimos un nuevo archivo de código JavaScript. El cual, al tratarse de una librería con la definición de los datos de las acciones, lo guardaremos en la carpeta: *lib*.

El archivo *lib/opciones.js* no tiene el sufijo "_vis", ni "_con", ni "_mod", tampoco. Pues es un conjunto funcional auxiliar. Y tendrá el siguiente código:

```
"use strict";

function opciones (error_0) {
    this.modos = Object.freeze ({
        PASO_A_PASO: 0,
        DIRECTO: 1
    });
    this.modo = this.modos.PASO_A_PASO;
    this.color_paso_1 = "#50FFFF";
    // ... Otros colores ...
    this.color_paso_7 = "#FF00FF";
    this.retardar = opciones_retardar;
}

function opciones_retardar (error_0)
// - Introduce un retardo que dependiendo del tipo de
pausa, será hasta que se
// pulse una tecla, o durante un periodo de milisegundos.
{
    var ret = true;
    var mensaje = [];
    mensaje ["es"] = " Pulse para continuar...";
    alert (mensaje [global.idioma]);
    return ret;
}
```

Este objeto es creado en *globales.js* para que esté disponible para todos. Poniendo la línea siguiente en la función: globales:

```
this.opcion = new opciones (error_0);
```

También debemos de establecer un mecanismo para que los procesos que precisen enviar datos a la interfaz de usuario lo puedan hacer con independencia de la Vista. Para ello creamos un objeto intermediario que presentará el método: poner. El archivo se denominará: *mensajes_con.js*; y no estará en la carpeta: lib. Ya que servirá como intermediario con la interfaz y tendrá una vista: *mensajes_vis.html* muy simple.

El archivo *mensajes_vis.html* puede contener algo tan sencillo como:

```
<body id="vista">
    <div id="mensajes_linea_1"></div>
</body>
```

El código de *mensajes_con.js* sería:

```
function mensajes (error_0)
{
    this.poner = mensajes_poner;
    this.borrar = mensajes_borrar;
}


function mensajes_poner (linea, mensaje, error_0)
{
    var ret = true;
    var elemento_div;
    elemento_div = document.getElementById
    ("mensajes_linea_1");
    if (elemento_div) {
        elemento_div.innerHTML = mensaje;
    }
    return ret;
}

function mensajes_borrar (linea, error_0)
{
    var ret = true;
    var elemento_div;
    elemento_div = document.getElementById
    ("mensajes_linea_1");
    elemento_div.innerHTML = "";
    return ret;
}
```

Este objeto lo creamos en la función constructora del objeto: global, para que lo utilicen todos los demás. Incluimos la línea siguiente, en la función: globales:

```
this.mensaje = new mensajes (error_0);
```

Incorporar una Vista dentro de otra Vista

Para ello, seguimos el mismo mecanismo que en index.html. Creamos una etiquetas **<div>** para contener la Vista y un **<div**

class="oculto"> para cargar, en un **<iframe>**, la Vista y luego copiar su contenido al **<div>** de destino. El origen y el destino se indican con el "**id**" correspondiente.

Si fuera necesario cargar una archivo controlador, éste se separa del **<div>** y se creará automáticamente una etiqueta **<script>**, que pertenecerá en al **<head>**, para cargar ese código JavaScript.

El código del archivo *unas_nubes_vis.html*, que es incluye la vista *mensajes_vis.html*, es el siguiente:

```
<body id="vista">
    <div id="mensajes">Una nube de puntos</div>
    <div class="tabla_centrada">
        <canvas id="unas_nubes_canvas" width="600"
        height="600"></canvas>
    </div>
    <div class="oculto">
        <iframe class="oculto"
        id="mensajes_iframe"></iframe>
    </div>
</body>
```

Dentro de la función: unas_nubes_controlador, incluimos el siguiente código:

```
ret = global.cargar_iframe ("mensajes_iframe",
 "mensajes_vis.html", "mensajes", "mensajes_con.js",
 error_0);
```

Donde global.cargar_iframe se ha definido en la función constructora: globales, en *globales_mod.html*, de la siguiente manera:

```
this.cargar_iframe = index_cargar_iframe;
```

El tratamiento de los errores

Todas las funciones que escribimos tienen un parámetro error_0 que es un array de un elemento, el elemento 0, donde se retornan los mensajes de error. Además, las funciones devuelven **verdad** si terminan sin errores o con un resultado cierto, y falso si terminan con error o con un resultado **falso.**

Este método que se propone, genera algo más de trabajo de programación, pero tiene ventajas a la hora de depurar el código. Pues conocemos el estado de cada función al finalizar. Además, es una solución compatible tanto con la programación funcional como con la programación orientada a objetos. Mientras que las excepciones están disponibles solo en la POO. Las excepciones, por otro lado, causan la terminación del programa si no son capturadas, por lo que deben emplearse solo para casos que sean verdaderamente serios. Hasta el punto de permitir que terminen el programa si no son tratadas.

Respecto al paso de errores en parámetros de salida, existen algunas filosofías respecto a su tratamiento. Principalmente las siguientes:

- Considerar que un error en una función, ocasiona que la función que la llamó, también debe terminar con error. Y no se continúa con su ejecución.
  - o En ese caso, cada llamada a una función comprobará la variable "ret" de retorno y no ejecutar más si esta es false.
- Considerar que la ejecución puede continuar, pero que debe transmitirse el mensaje de error. Y que la función llamante es errónea en su código de retorno; aunque se termine normalmente, a pesar del error.
  - o En este caso, la variable "ret" se actualiza con la operación "y lógica": ret = ret && ret_i. Donde ret_i recoge los resultados intermedios del retorno de las funciones llamadas.
  - o Y el mensaje de error se **concatena** a los que ya había (con +=), de modo que se actualiza con el código:

    error_0 [0] += mensaje [global.idioma];

- Se resuelve el error y se reinician los indicadores del mismo: ret y error_0.

No hay que olvidar que tenemos que identificar, también, los puntos de la aplicación donde el error debe ser notificado al usuario y el nivel de notificación.

Puede que algunos errores, muy técnicos, deban presentarse solo si cierta opción lo indica. Y otros se deban mostrar siempre. O que existan mensajes específicos para cada tipo de usuario, o niveles de detalle del mensaje en función del tipo de usuario.

El tratamiento de errores que se explica en este libro es básico, pero siempre resulta conveniente que exista uno, pues favorece el perfeccionamiento y mantenimiento del código.

Existen funciones que no usan el parámetro: error_0, pero, aun así, lo tienen. La explicación de esto, es que puede que en el futuro se añadan capacidades que sí tengan que enviar mensajes de error. Al tener ya la firma adaptada, no será preciso hacer una revisión completa del código para añadirle un parámetro. La experiencia en programación acaba enseñando que la prevención, ante esa circunstancia, es mejor que el cambio posterior de todo el código.

El lienzo de dibujo

La versión 5 de HTML incluye la etiqueta **<canvas>** con los atributos **width** y **height** para crear un lienzo para dibujo gráfico. De esta manera, con la etiqueta: <canvas id="unas_nubes_canvas" width="600" weight="600"></canvas> podemos crear un espacio donde utilizar las funciones gráficas de JavaScript, en el archivo: *unas_nubes_vis.html*. El acceso a esas funciones lo obtenemos mediante el código:

```
var elemento_canvas = document.getElementById
  ("unas_nubes_canvas");
var canvas_contexto = elemento_canvas.getContext ("2d");
var ancho = 0;
var alto = 0;
if (elemento_canvas.width != undefined) {
    ancho = elemento_canvas.width;
}
if (elemento_canvas.style.width != undefined) {
    ancho = elemento_canvas.style.width;
}
if (elemento_canvas.height != undefined) {
    alto = elemento_canvas.height;
}
if (elemento_canvas.style.height != undefined) {
    alto = elemento_canvas.style.height;
}
```

Una vez que tenemos el objeto del "contexto" podemos utilizar las funciones de dibujo gráfico.

Para independizar la funcionalidad del método de dibujar los resultados, creamos el archivo: *lib/contextos_graficos.js*. Donde escribimos las funciones gráficas que utilizaremos, en la función constructora: contextos_graficos:

```
"use strict";
```

45

```javascript
function contextos_graficos (error_0)
{
    this.estilos_lineas = Object.freeze ({
        NORMAL: 2,
        GRUESA: 5
    })
    this.contexto = null;
    this.ancho = 0;
    this.alto = 0;
    this.delta_origen_x = 0;
    this.delta_origen_y = 0;
    this.factor_x = 0;
    this.factor_y = 0;
    this.limpiar = contextos_graficos_limpiar;
    this.graficos_normalizar =
contextos_graficos_normalizar;
    this.pintar_circulo =
contextos_graficos_pintar_circulo;
    this.pintar_linea = contextos_graficos_pintar_linea;
    this.pintar_rectangulo =
    contextos_graficos_pintar_rectangulo;
    this.poner_color = contextos_graficos_poner_color;
    this.poner_contexto =
contextos_graficos_poner_contexto;
    this.poner_estilo_linea =
    contextos_graficos_poner_estilo_linea;

function contextos_graficos_poner_contexto (contexto,
  ancho, alto, error_0)
{
    var ret = true;
    this.contexto = contexto;
    this.contexto.globalAlpha = 1;
    this.contexto.globalCompositeOperation = "copy";
    if (ancho == 0 || alto == 0) {
        ret = false;
        var mensaje = [];
        mensaje ["es"] = "Tamaño del lienzo incorrecto. ";
        error_0 [0] += mensaje [global.idioma];
    }
    if (ret) {
        this.ancho = ancho;
        this.alto = alto;
        this.delta_origen_x = this.ancho / 2;
        this.delta_origen_y = this.alto / 2;
        this.factor_x = this.delta_origen_x / 100;
        this.factor_y = this.delta_origen_y / 100;
```

```
            ret = this.limpiar (error_0);
            ret = this.poner_estilo_linea
             (this.estilos_lineas.NORMAL, error_0);
    }
    return ret;
}

function contextos_graficos_limpiar (error_0)
{
    var ret = true;
    this.contexto.clearRect (0, 0, this.ancho, this.alto);
    this.contexto.beginPath ();
    return ret;
}

function contextos_graficos_poner_color (color, error_0)
{
    var ret = true;
    this.contexto.strokeStyle = color;
    return ret;
}

function contextos_graficos_poner_estilo_linea
  (pixeles_num, error_0)
{
    var ret = true;
    this.contexto.lineWidth = pixeles_num;
    return ret;
}

function contextos_graficos_pintar_linea
  (origen_absoluto_x, origen_absoluto_y, fin_absoluto_x,
  fin_absoluto_y, error_0)
{
    var ret = true;
    var origen_x = origen_absoluto_x;
    var origen_y = origen_absoluto_y;
    var fin_x = fin_absoluto_x;
    var fin_y = fin_absoluto_y;
    var x_0 = [origen_x];
    var y_0 = [origen_y];
    ret = this.graficos_normalizar (x_0, y_0, error_0);
    origen_x = x_0 [0];
    origen_y = y_0 [0];
    if (ret) {
        x_0 = [fin_x];
        y_0 = [fin_y];
```

```
        ret = this.graficos_normalizar (x_0, y_0, error_0);
        fin_x = x_0 [0];
        fin_y = y_0 [0];
    }
    if (ret) {
        this.contexto.beginPath ();
        this.contexto.moveTo (origen_x, origen_y);
        this.contexto.lineTo (fin_x, fin_y);
        this.contexto.stroke ();
    }
    return ret;
}

function contextos_graficos_normalizar (x_0, y_0, error_0)
{
    var ret = true;
    x_0 [0] = x_0 [0] * this.factor_x;
    x_0 [0] = x_0 [0] + this.delta_origen_x;
    y_0 [0] = y_0 [0] * this.factor_y;
    y_0 [0] = this.delta_origen_y - y_0 [0];
    return ret;
}

function contextos_graficos_pintar_circulo
  (centro_absoluto_x, centro_absoluto_y, radio, error_0)
{
    var ret = true;
    if (radio > this.delta_origen_x || radio < 0
     || radio > this.delta_origen_y) {
        ret = false;
        var mensajes = [];
        mensajes ["es"] = "El radio del circunferencia no
         es válido. ";
        error_0 [0] += mensajes [global.idioma];
    }
    var centro_x;
    var centro_y;
    if (ret) {
        var x_0 = [centro_absoluto_x];
        var y_0 = [centro_absoluto_y];
        ret = this.graficos_normalizar (x_0, y_0, error_0);
        centro_x = x_0 [0];
        centro_y = y_0 [0];
    }
    if (ret) {
        this.contexto.beginPath ();
```

```
            this.contexto.arc (centro_x, centro_y, radio, 0, 2
              * Math.PI);
            this.contexto.stroke ();
        }
        return ret;
    }

function contextos_graficos_pintar_rectangulo
  (origen_absoluto_x, origen_absoluto_y, fin_absoluto_x,
   fin_absoluto_y, error_0)
{
        var ret = true;
        var origen_x = origen_absoluto_x;
        var origen_y = origen_absoluto_y;
        var fin_x = fin_absoluto_x;
        var fin_y = fin_absoluto_y;
        var x_0 = [origen_x];
        var y_0 = [origen_y];
        ret = this.graficos_normalizar (x_0, y_0, error_0);
        origen_x = x_0 [0];
        origen_y = y_0 [0];
        if (ret) {
            x_0 = [fin_x];
            y_0 = [fin_y];
            ret = this.graficos_normalizar (x_0, y_0, error_0);
            fin_x = x_0 [0];
            fin_y = y_0 [0];
        }
        if (ret) {
            var ancho = Math.abs (fin_x - origen_x);
            var alto = Math.abs (fin_y - origen_y);
            if (fin_x - origen_x < 0) {
                var x = fin_x;
            } else {
                x = origen_x;
            }
            if (fin_y - origen_y < 0) {
                var y = origen_y;
            } else {
                y = fin_y;
            }
            this.contexto.beginPath ();
            this.contexto.rect (x, y, ancho, alto);
            this.contexto.stroke ();
        }
        return ret;
    }
```

}

Puesto que los puntos están entre -100 y 100, pero el lienzo puede tener otro tamaño; desarrollamos un factor de conversión para adaptarnos al lienzo: `factor_x` y `factor_y`. Además, el origen de coordenadas del canvas (lienzo) está en la esquina superior izquierda. Y nosotros queremos que esté en el centro del lienzo, por lo que tenemos que hacer un cambio de coordenadas, que denominamos "**normalizar**".

Los primeros métodos para la resolución del problema

En este capítulo se procede a la descripción de los pasos seguidos hasta la obtención de las soluciones. La cual se puede desglosar en las descripciones siguientes:

- Fases a llevar a cabo, con una visión superficial.
- Procesos para resolver el problema, de una forma genérica.
- Algoritmo empleado, en un grado de detalle más amplio, pero sin llegar al nivel de codificación. Sino de una manera secuencial y abstracta.
- Comentarios de los errores en los que se pueden producir, así como las mejoras que se efectuar en los algoritmos hasta llegar al algoritmo final que se ha explicado.
- Análisis de la complejidad de la solución, frente a otras opciones posibles.

Métrica de distancia, empleada en la aplicación.

La métrica empleada nos va a dar una forma de obtener las distancias entre dos puntos. Que se va a utilizar para compararla con las demás para obtener los máximos y los mínimos.

La función implementada es `puntos_calcular_distancia`, y la métrica de distancia es la siguiente:

Distancia = Raíz cuadrada $(x^2 + y^2)$

Por tanto, tenemos la primera clase de nuestra aplicación: **puntos**.

El archivo: puntos.js

Creamos el archivo *"puntos.js"* en la carpeta *"lib"* del proyecto "calibre_nubes". Nombre que resumen: "calibre de nubes de puntos". De esta manera separamos la parte visual del interfaz de usuario escrito en HTML de la funcionalidad.

Obtención del sentido de giro de tres puntos ordenados.

La detección del sentido de giro de tres puntos se podría establecer como la base de la geometría computacional por la utilidad que tiene este proceso. Ya que nos permite realizar gran número de operaciones, con un coste de complejidad muy bajo, y con una gran confianza en su uso. Ya que es independiente del concepto de "infinito". Gran problema de la geometría computacional, puesto que los ordenadores no son capaces de manejarlo.

En resumen, la fórmula expuesta a continuación reemplaza, con gran efectividad y fiabilidad, a ciertas operaciones realizadas con rectas; de mayor coste computacional.

La implementación que se comenta a continuación se encuentra en la función `triangulos.orientacion`.

El método de detección del **sentido de giro** se basa en el **signo del determinante** de la matriz que se forma con los puntos del triángulo de la siguiente forma:

$$\text{Sentido de giro} = \text{Signo} \left(\text{Determinante} \begin{vmatrix} 1 & 1 & 1 \\ a_x & b_x & c_x \\ a_y & b_y & c_y \end{vmatrix} \right)$$

Es decir:

$$\text{Sentido de giro} = \text{Signo} \left(\frac{(1 * b_x * c_y) + (a_x * b_y * 1) + (1 * c_x * a_y)}{- (1 * b_x * a_y) - (c_x * b_y * 1) - (1 * a_x * c_y)} \right)$$

El resultado es:

- **Positivo** si los puntos siguen el orden contrario al giro de las agujas del reloj.
- **Negativo** si siguen el giro de las agujas del reloj.
- **Cero** si están en línea.

Cálculo del baricentro de un triángulo.

El cálculo del Baricentro de un triángulo tiene una utilidad básica en nuestra aplicación, ya que este punto **siempre se encuentra en el interior de un triángulo**.

De esta forma, somos capaces de crear un **punto interior** a un triángulo. Y, por ampliación, a cualquier nube de puntos. Ya que bastará con seleccionar tres puntos de la misma para obtener un triángulo.

La forma de calcular el baricentro que se implementaba inicialmente realizaba las siguientes acciones:

1) Calculaba el punto mitad de un lado del triángulo.
2) Trazaba una recta desde la mitad de ese lado hasta el vértice opuesto.
3) Calculaba el punto mitad de otro segmento.
4) Trazaba una recta desde esa mitad al vértice opuesto.
5) Hallaba la intersección de las dos rectas que se cruzan, cuyo punto de cruce es el baricentro.

Puede verse el cálculo del baricentro en la Ilustración 6.

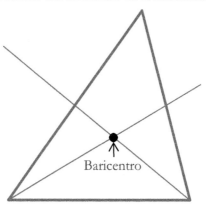

Ilustración 6: Cálculo del baricentro

Sin embargo, el cálculo más eficiente del Baricentro de un polígono, no es más que:

Baricentro = Media aritmética de la suma de las coordenadas de sus vértices.

Esta mejora es la que se implementa finalmente en la función.

La fórmula es la siguiente:

$$baricentro_x = (a_x + b_x + c_x) / 3$$
$$baricentro_y = (a_y + b_y + c_y) / 3$$

LA implementación se ha programado en la función `triangulos.baricentro`.

Cálculo de la intersección de dos rectas

La intersección de rectas es una de las operaciones básicas de la geometría y tiene innumerables aplicaciones.

La implementación se encuentra en la función: rectas.interseccion. Y su implementación sigue las siguientes acciones:

1. Si las dos rectas **no tienen pendiente infinita** (no son verticales), entonces:
    1.1. Si las dos rectas tienen la **misma pendiente**, entonces:
        1.1.1. Si el origen de una recta se encuentra en la otra recta, entonces:
            1.1.1.1. **Las rectas son coincidentes.**
        1.1.2. Si el origen de una recta no coincide en la otra recta, entonces:
            1.1.2.1. **Las rectas son paralelas.**
    1.2. Si las dos rectas **no tienen la misma pendiente**, entonces las ecuaciones son las siguientes:

$$\text{cruce}_x = \frac{\text{pendiente}[1]*\textbf{origen[1]}_x - \text{pendiente}[2]*\textbf{origen[2]}_x + origen[2]_y - origen[1]_y}{\text{pendiente}[1] - \text{pendiente}[2]}$$

$$cruce_y = \text{pendiente}[1] * (\textbf{cruce}_x - \textbf{origen[1]}_x) + origen[1]_y$$

Que son el resultado de resolver:

$$\text{pendiente }[1] = \frac{cruce_y - origen\ [1]_y}{\textbf{cruce}_x - \textbf{origen }[1]_x}$$

$$\text{pendiente }[2] = \frac{cruce_y - origen\ [2]_y}{\textbf{cruce}_x - \textbf{origen }[2]_x}$$

2. Si las dos rectas tienen **pendiente infinita**, entonces:
    2.1 Si las dos rectas tienen igual coordenada x en su punto origen, entonces:
        2.1.1 **Son coincidentes.**
    2.2 Si las dos rectas tienen distinta coordenada x en su punto origen, entonces:

2.2.1 Son paralelas.

3 Si la **recta 2 tiene pendiente infinita**, entonces las ecuaciones son las siguientes:

$$cruce_x = origen[2]_x$$

$$cruce_y = Pendiente[1] * (origen[2]_x - origen[1]_x) + origen[1]_y$$

Que son el resultado de resolver:

$$pendiente\ [1] = \frac{cruce_y - origen\ [1]_y}{cruce_x - origen\ [1]_x}$$

$$Si\ infinito\ (\infty) = \frac{cruce_y - origen\ [2]_y}{cruce_x - origen\ [2]_x}$$

Entonces: $\qquad cruce_x - origen\ [2]_x = 0$

3.1 Si la **recta 1 tienen pendiente infinita**, entonces las ecuaciones son las siguientes:

$$cruce_x = origen[1]_x$$

$$cruce_y = Pendiente[2] * (origen[1]_x - origen[2]_x) + origen[2]_y$$

Que son el resultado de resolver:

$$Infinito\ (\infty) = \frac{cruce_y - origen\ [1]_y}{cruce_x - origen\ [1]_x}$$

Luego: $\qquad cruce_x - origen\ [1]_x = 0$

$$pendiente\ [2] = \frac{cruce_y - origen\ [2]_y}{cruce_x - origen\ [2]_x}$$

Distancia de una recta a un punto

El cálculo de la **distancia de un punto a una recta**, se realiza mediante el trazado de una recta ortogonal a dicha recta, y que pase por el punto a medir. Esa recta ortogonal se cruzará en un punto con la recta desde la que medir.

La distancia que buscamos, es la que resulta de medir la que hay desde el punto de cruce hasta el punto a medir.

La función que implementa este método es: `rectas.distancia_punto`.

La descripción del proceso es la siguiente:

1. Si la pendiente de la recta **no es infinita**, entonces:
   1.1. Si el punto pertenece a la recta, entonces:
      1.1.1. **La distancia es cero.**
   1.2. Si el punto no pertenece a la recta, entonces:
      1.2.1. Trazo una recta ortogonal que pase por el punto a medir.
      1.2.2. Hallo la intersección con la recta a medir.
      1.2.3. **El resultado es la distancia desde el punto de cruce al punto a medir.**
2. Si la pendiente de la recta **es infinita**, entonces:
   2.1. El punto de cruce tiene la coordenada **x** del origen x de la recta, y la misma coordenada *y* del punto a medir.
      2.1.1. **El resultado es la distancia del punto de cruce al punto a medir.**

Existe otro método de cálculo que no precisa del cálculo del punto de cruce con la ortogonal, si bien precisa el manejo de operaciones trigonométricas que implican un número elevado de cálculos. Dicho método es el siguiente:

Conociendo la recta que viene representada por un punto origen a_{xy}. Y que tenemos otro punto b_{xy}, con el que medir la distancia. Tal y como se puede ver en la Ilustración 7.

Calculamos los vectores directores. Tanto de la recta, como del vector que va desde el punto origen de la recta hasta el otro punto.

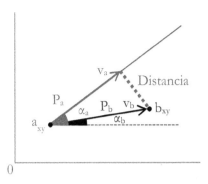

Ilustración 7: Recta a, pendiente P, punto b, vector v$_a$, vector v$_b$.

El ángulo buscado: **alfa**, es igual a (α_a - α_b). Utilizando la fórmula del coseno de la diferencia de dos ángulos:

$$\text{coseno } (\alpha_a - \alpha_b) = \frac{v_a * v_b}{|v_a| * |v_b|}$$

Donde la operación $|v_{xy}|$, módulo de un vector, es:

$$|v_{xy}| = \sqrt{x^2 + y^2}$$

ó

$$|v_{xy}| = \sqrt{(x_f - x_o)^2 + (y_f - y_o)^2}$$

Y la operación $v_a * v_b$, producto de vectores, es:

$$v_a * v_b = x_a * x_b + y_a * y_b$$

Para obtener la **Distancia** del otro punto a la recta debemos emplear la fórmula:

$$\textbf{Distancia} = P_b * |v_b| * \textbf{seno (alfa)}$$

Y para obtener el seno (alfa) empleamos la fórmula:

$$\textbf{seno}^2 \text{ (alfa)} + \textbf{coseno}^2 \text{ (alfa)} = 1$$

Trazado de una recta ortogonal a otra

Trazar una recta ortogonal a otra, no es más que realizar una variación de la pendiente de la recta en 90°.

En este caso, sí nos interesa cambiar el punto origen de la recta, lo que no afecta a la pendiente, pudiéndose transladar sin problemas.

La función que implementa este proceso es: `rectas.ortogonal`.

El algoritmo es:

1 Cambio el punto de origen de la recta ortogonal a crear, al punto que deseamos que sea el origen.
2 Si la pendiente es normal, **y su inversa no nos produce desbordamiento numérico**, entonces:
   2.1 La **pendiente** (también llamada: tangente) nueva es:

$$pendiente_{Nueva} = -1 \ / \ pendiente_{Antigua}$$

Ya que:

$$tangente \ (\alpha + 90°) = \frac{seno \ (\alpha + 90°)}{coseno \ (\alpha + 90)}$$

Luego, aplicando las equivalencias trigonométricas de $\alpha + 90°$ y α, resulta que:

$$tangente \ (\alpha + 90°) = \frac{coseno \ (\alpha)}{- \ seno \ (\alpha)}$$

Con lo que tenemos que:

$$tangente \ (\alpha + 90°) = \frac{- \ 1}{tangente \ (\alpha)}$$

También puede ser interesante recordar que:

$$tangente \ (\alpha + ß) = \frac{tangente \ (\alpha) + tangente \ (ß)}{1 - tangente \ (\alpha) * tangente \ (ß)}$$

   2.2 Y el **tipo de recta** es <u>normal</u>.
3 Si la pendiente es **infinita**, entonces:
   3.1 La **pendiente** nueva es 0.
   3.2 El **tipo de pendiente** es <u>normal</u>.
4 Si la pendiente **no es infinita, pero el inverso produce desbordamiento numérico**, entonces:
   4.1 Lo trato como si el **tipo de pendiente** fuera <u>infinita</u>.

Detectar el corte de dos segmentos

Detectar si existe corte de segmentos, es un caso distinto a calcular el punto de corte de dos rectas. De hecho, el método óptimo de detectar esto evita los desbordamientos numéricos y el cálculo innecesario. Ya que lo único que deseamos es detectar si hay corte o no, de los segmentos. Pero no su punto de corte.

Para hacer esto nos basamos en el algoritmo de cálculo del giro de tres puntos ordenados.

La función que incorpora este método es `segmentos.cruce`. El algoritmo es el siguiente:

1 Guardamos el valor del **sentido de giro de los extremos del primer segmento con el primer extremo del otro segmento**. (3 puntos: Los dos que describen el segmento_1 (inicio-fin), y el inicio del otro segmento).

2 Guardamos el valor del **sentido de giro de los extremos del mismo segmento, pero con el segundo extremo del otro segmento**. (3 puntos: Los dos que describen el segmento_1 (inicio-fin), y el fin del otro segmento).

3 Comparamos los sentidos de giro.
   3.1 Si tienen **giros distintos**, entonces:
      3.1.1   Guardo el valor de **giro de los extremos del segundo segmento respecto al primer extremo del primer segmento**. (3 puntos: Los dos que describen el segmento_2 (inicio-fin), y el inicio del otro segmento)
      3.1.2   Guardo el valor de **giro de los extremos del segundo segmento respecto al segundo extremo del primer segmento**. (3 puntos: Los dos que describen el segmento_2 (inicio-fin), y el fin del otro segmento)
      3.1.3   Comparo los dos sentidos de giro.
         3.1.3.1   Si tienen **giros distintos**:
            3.1.3.1.1   El resultado es que **se cortan**.
         3.1.3.2   Si tienen **igual giro**:
            3.1.3.2.1   **No se cortan.**
   3.2 Si los sentidos de giro del punto 3 **son iguales**, entonces:
      3.2.1   **No se cortan.**

Calcular la posición de un punto respecto a un segmento

Este algoritmo es muy semejante al de **obtención del sentido de giro de tres puntos ordenados**. La única diferencia está en los tipos de datos empleados en la función: segmentos.posicion, ya que lo demás es igual.

Cálculo de la distancia de un punto a un segmento

Método con más carga de cálculo y complejidad, para calcular la distancia de un punto respecto a una recta

Este punto se comenta la función que se implementó originalmente para calcular la posición de un punto respecto a una recta, conteniendo un segmento.

Puede observarse que el proceso era mucho más complejo para obtener el mismo resultado:

1 Si la recta **no tiene pendiente infinita** (las computadoras no saben manejar el concepto de infinito como un número más), entonces:

   1.1 Para la coordenada "x" del punto, calculo la coordenada "y" correspondiente de la recta. Mediante la fórmula:

$$y_{punto.recta} = \text{pendiente} * (x_{punto} - x_{o.recta}) + y_{o.recta}$$

   1.2 Si ese punto $y_{punto.recta}$ calculado coincide con el del punto y_{punto} devuelvo 0; pues **es coincidente**.

   1.3 Si no, devuelvo **la diferencia** entre la coordenada $y_{punto.recta}$ de la recta y la coordenada y_{punto}.

2 Si el tipo de **pendiente es infinita**, entonces:

   2.1 Si la coordenada x_{punto} del punto coincide con la coordenada $x_{o.recta}$ del origen de la recta, devuelvo 0; pues **es coincidente**.

   2.2 Si no, devuelvo la diferencia de la coordenada x_{punto}, del punto, menos la coordenada $x_{o.recta}$, del origen de la recta.

Método para calcular la distancia de un punto a un segmento

La distancia de un segmento a un punto no debe confundirse con la distancia que hay de una recta a un punto. En el primer caso buscamos la **menor** de las tres siguientes medidas:

1 Distancia del punto al primer extremo del segmento.
2 Distancia del punto al segundo extremo del segmento.
3 Distancia perpendicular desde el punto hasta el segmento, si es que el corte ortogonal está en el propio segmento. Esta es la que se considera distancia de punto a recta, con la diferencia que no hay que mirar si el punto de corte está entre los dos extremos del segmento.

La función implementadora es `segmentos.distancia_segmento`, y el algoritmo detallado es:

1 Calcular la distancia del punto al primer extremo del segmento.
2 Calcular la distancia del punto con el segundo extremo del segmento.
3 Comparamos las dos distancias y nos quedamos con la menor.
4 Crear una recta que pase por el segmento.
5 Si la pendiente de la recta **no es infinita**, entonces:
   5.1 Si el punto a medir **pertenece a la recta**, entonces:
      5.1.1   Si el punto a medir está entre los extremos del segmento:
         5.1.1.1   La distancia es **cero**.
      5.1.2   Si el punto a medir no está entre los dos extremos del segmento, entonces:
         5.1.2.1   **La distancia es la menor anteriormente calculada.**
   5.2 Si el punto a medir **no pertenece a la recta**:
      5.2.1   Genero una recta ortogonal que pasa por ese punto. Sumando 90° a la tangente.
      5.2.2   Calculo la intersección de la recta y su ortogonal.
      5.2.3   Si el punto de cruce está **entre los dos extremos del segmento**:
         5.2.3.1   **La distancia es la que hay entre el punto a medir y el punto de cruce.**
      5.2.4   Si el punto de cruce **no está en el segmento**:
         5.2.4.1   **La distancia es la mínima calculada antes.**

6   Si la pendiente de la recta **es infinita**:

6.1 Si la coordenada "*y*" del punto con el que medir **está dentro del segmento** (es decir, entre las coordenadas "*y*" de los puntos extremos del segmento), entonces:

    6.1.1   Creo un punto de cruce con la coordenada "**x**" del punto origen de la recta y la coordenada "*y*" del punto a medir.

        6.1.1.1   **La distancia es la que hay entre el punto de cruce y el punto a medir**, es decir:

$$X_{punto} - X_{o.recta}$$

6.2 Si la coordenada "y" del punto a medir **no está dentro del segmento**, entonces:

    6.2.1   **La distancia es el mínimo antes calculado.**

Comparar ángulos en rectas paralelas

A continuación se describe un algoritmo para comparar ángulos sobre segmentos de igual tamaño. Y que da como resultado: si son **iguales**; o si uno es **mayor** o **menor**, respecto al otro.

Dichos ángulos deben estar apoyados en rectas paralelas. Y, así, llevaremos a cabo una traslación de 180° de uno a otro, respecto al segmento que une sus vértices y el punto medio de este.

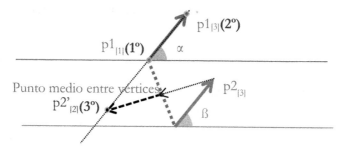

Ilustración 8: Comparar dos ángulos iguales.

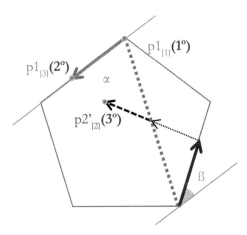

Ilustración 9: Aplicación de la comparación de ángulos en un pentágono.

Este algoritmo tiene la ventaja de la sencillez de cálculo, y se basa en el sentido de giro de tres puntos ordenados.

Partiendo de cuatro puntos: el origen del ángulo 1 ($p1_{[1]}$); el punto fin del ángulo 1 ($p1_{[3]}$) (el segmento es igual de largo en ambos ángulos); el origen del ángulo 1 ($p2_{[1]}$); y el punto fin del ángulo 2 ($p2_{[3]}$). Realizamos el proceso siguiente:

1 Calculamos el **punto medio** que hay **entre los dos vértices** de los ángulos.
2 Creamos un vector que va desde el **punto fin del ángulo** segundo ($p2_{[3]}$) hasta el **punto medio** antes calculado.
3 Desplazamos, ese tercer punto, a través del punto medio. Exactamente, a su posición simétrica respecto al punto medio, mediante **la suma de dos veces el vector antes calculado**.
4 El resultado es el sentido de giro respecto a los puntos ordenados: vértice del primer ángulo (**1º**), punto final del primer ángulo (**2º**), y punto tercero del segundo ángulo (**3º**).
   4.1 Si es **positivo (cíclico)**: el segundo ángulo es **mayor**.
   4.2 Si es **negativo**, el segundo ángulo es **menor**.
   4.3 Si es **cero**, son **iguales** (están en línea).

El código del algoritmos se implementa en el método: `calibres.comparar_angulos`, en el archivo *lib/calibres.js*.

Cálculo de diámetro y anchura para una sola nube de puntos.

Algoritmo general de cálculo para una sola nube de puntos.

En este apartado comentaremos los pasos a seguir para el cálculo de los calibres de una nube de puntos.

Los pasos que se describen han dado lugar a la implementación de la función: `calibres.paso_a_paso`, que maneja un vector lineal de puntos, de los que las coordenadas pares (0, 2, 4, ...) corresponden a la "**x**", y las impares (1,3,5,...) a la "*y*".

1 Determinación de los tres puntos de la nube de puntos de los que obtener el baricentro.

El baricentro del triángulo seleccionado estará siempre en el interior de la nube de puntos. Es, por tanto, el mejor lugar desde el que realizar una ordenación de los puntos de la nube, alrededor del mismo.

    1.1 Tenemos que calcular cuántos puntos de separación hay entre los puntos que hemos seleccionado para el triángulo.

Puesto que el polígono que contiene los puntos es del doble de la longitud del número de puntos, y siempre tiene las coordenadas de los puntos en los índices pares del vector, el incremento debe ser par.

El incremento es igual al número de puntos divididos por dos, en división entera.

Si el número de vértices era impar, se corrigen los decimales de la división, sumándole un punto más al incremento.

Si, a pesar de esto, el incremento es impar. Algo que no puede permitirse, ya que las posiciones pares del vector corresponden a las coordenadas **x**; sumamos un punto más al incremento, para que sea par.

    1.2 Si el **número de puntos es superior a dos**, entonces, buscamos un triángulo cuyos puntos no sean una recta, y con el incremento calculado en el punto 1.1).

1.2.1 Si forman recta, el incremento pasa a ser de dos. Ya que de esa forma hacemos un recorrido completo del vector.

2 Si el número de puntos es **superior a dos** y los puntos de la nube **no forman una línea recta** (vuelvo a comprobarlo) realizo los cálculos de los diferentes calibres.

2.1 **Ordenación de los puntos** respecto al baricentro. (Ver: *Algoritmo de ordenación de puntos respecto a un punto dado*)

2.2 Cálculo del **cierre convexo** de la nube de puntos. (Ver: *Algoritmo de cálculo del cierre convexo de una nube de puntos.*)

2.3 Cálculo de las **distancias de los lados a los vértices** del cierre convexo. (Ver: *¡Error! No se encuentra el origen de la referencia.*)

2.3.1 Calculamos tanto la mayor distancia como la menor, ya que la primera nos da el calibre de la **Máxima distancia de lado a vértice**, y la segunda la **Mínima**.

2.4 Calculo la **Máxima distancia entre puntos.** (Ver: *Algoritmo de obtención de la máxima distancia entre puntos.*)

3 Si los puntos formaban, todos, una **línea recta**; realizo el cálculo de la **Máxima y Mínima (mayor de cero) distancia de lado a vértice**, y de la **Máxima distancia entre vértices**, con un algoritmo distinto.

4 Si el número de puntos eran **dos**, presento la **Máxima y la Mínima distancia entre los puntos.**

5 Si el número de puntos es de **uno, no se hace nada.**

Algoritmo de ordenación de puntos respecto a un punto dado

En este subcapítulo se comenta el algoritmo de ordenación de puntos respecto a uno dado que emplear en la aplicación.

La función implementada con este algoritmo es geometrias.ordenar_puntos, que recibe como parámetros el punto de referencia respecto al que ordenar, y el polígono de puntos; un vector de coordenadas "**x**" (índice par) e "*y*" (índice impar) de los puntos de la nube.

También, se procederá a la explicación tanto del método que inicialmente se empleó; como del método posteriormente adoptado, por presentar una mejora en cuanto a la utilización de cálculos, mediante el uso del algoritmo de detección de la posición de un punto respecto a otros dos (o el segmento comprendido entre ellos).

1 El primer punto de la ordenación es el primer punto de la nube de puntos (sea cual sea).

2 Ordenamos respecto a la pendiente de la recta que forman el punto de referencia (el baricentro de tres puntos no alineados) y el punto a clasificar. Este proceso se puede realizar mediante:

  2.1 El empleo de la pendiente de las rectas que unen el punto de referencia y el punto a clasificar. (Forma menos óptima).

  2.2 O bien, mediante la determinación de si el punto a clasificar está a la derecha del segmento formado por el punto central y el último punto clasificado. (Mejor forma).

  2.3 Dividimos el proceso de ordenación en dos partes: 3 y 4.

3 Recorremos todo el vector de puntos **desde el inicio**, y para aquellos cuya coordenada "**x**" sea mayor o igual a la del punto de referencia.

  3.1 Forma menos óptima: Trazamos la recta desde el punto de referencia hasta el punto dado.
  Mejor forma: Creamos un punto, que corresponde con el punto que queremos clasificar.

  3.2 Para los puntos que ya están ordenados, vamos a seguir el método de inserción de nuevos elementos, es decir:

    3.2.1 Forma menos óptima: Trazamos la recta del punto de referencia hasta el último punto insertado en orden.
    Mejor forma: Creamos un punto dos con las coordenadas del último punto ya clasificado en orden.

    3.2.2 Forma menos óptima: Si la pendiente nueva es mayor que la que ya está ordenada, y no es infinita, lo insertamos en el vector.
    Mejor forma: Empleando el algoritmo para calcular el sentido de giro de tres puntos ordenados, comprobamos que el sentido de giro del punto de referencia, el primer punto y el punto dos, sea positivo.

    3.2.3 Forma menos óptima: Si la pendiente es infinita, lo insertamos sólo si la coordenada y de ese punto es mayor que la coordenada y del punto de referencia.
    Mejor forma: Si el punto está en el sentido de giro positivo; lo insertamos en la cadena.

3.2.4 <u>Forma menos óptima</u> y <u>Mejor forma</u>: Si no se cumplen ni 3.2.2, ni 3.2.3, pasamos el punto ya ordenado con el que acabamos de comparar, una posición más alta. Dejando un hueco entre sí y el siguiente punto ya ordenado. Donde poder colocar el nuevo elemento si cumple las condiciones 3.2.2 o 3.2.3 y volvemos al paso 3.2.1.

3.3 Una vez recorrido todo el vector una vez, ordenándolo, tenemos en las primeras posiciones los puntos cuya coordenada "x" es superior a la del punto central.

4 Se recorre el vector **desde el final**, hasta que se encuentre un punto con coordenada "x" mayor a la del punto de central, realizando la ordenación. Pues todos los puntos del final del vector tienen la coordenada "x" menor.

4.1 <u>Forma menos óptima</u>: Trazar una recta desde el punto de referencia hasta el punto último del vector a ordenar.

<u>Mejor forma</u>: Creamos un punto, correspondiente al último punto de la cadena y que aún no se ha clasificado. Suponiendo que está ordenado.

4.2 Mientras haya puntos en el vector, y estos sean de coordenada "x" menor a la del punto de referencia; recorremos el vector **de atrás hacia adelante**. Ordenándolos en orden de pendiente, de menor a mayor:

4.2.1 <u>Forma menos óptima</u>: Si la pendiente de la recta del punto a insertar en el vector es menor que la del último punto ya ordenado del vector, el punto está correctamente ordenado en el hueco que tiene reservado.

<u>Mejor forma</u>: Si los puntos ordenados, central, último clasificado y el punto a clasificar siguen un giro negativo, el punto está correctamente situado en el hueco que hemos reservado; y que será: La posición que ocupaba ya, si a la primera hallamos su posición, o posiciones más cercanas al origen del vector, hasta dar con su posición correcta.

4.2.2 <u>Forma menos óptima</u>: Si la pendiente del punto a ordenar es infinita, y la coordenada "y" del punto a clasificar es menor o igual que la del punto de referencia; es que está debajo del mismo, y lo incluimos en la posición anterior.

4.2.3   Si no cumple ninguna de esas condiciones, desplazamos el último punto ya ordenado a una posición anterior. Abriendo un hueco para insertar el elemento, si éste fuera de menor pendiente que el siguiente punto ya ordenado. El cual pasa a ser el nuevo punto con el que comprobar el giro, o calcular la pendiente. En caso de que no queden más puntos, ese será el último punto del vector, pues es el que más pendiente tiene.

4.2.4   Vuelta al punto 3.

5   Una vez ordenados todos los puntos de coordenada "**x**" mayor; y, luego, de coordenada "**x**" menor; ya está concluido todo el proceso.

El código sería el siguiente:

```
"use strict";

function geometrias (error_0)
{
    this.puntos_ordenados_array = [];
    this.puntos_num = 0;

function geometrias_ordenar_puntos (centro, poligono_array,
  error_0)
// - Ordena los puntos desde el punto dado, siguiendo el
//   orden contrario de las agujas del reloj, desde el
punto
//   menos pendiente a la derecha
// - centro: Punto de referencia para la ordenación.
// - poligono_array: vector de pares (pares de enteros) que
//   ordenar.
{
    var ret = true;
    var pto_1 = Object.seal (new puntos (error_0));
    var pto_2 = Object.seal (new puntos (error_0));
    var temp_2 = [0, 0];
    var i = 0;
    var j = 0;
    // Creo la matriz de puntos ordenados.
    this.puntos_ordenados_array [0] = poligono_array [0];
    this.puntos_ordenados_array [1] = poligono_array [1];
    // Comienzo a ordenarlos fijándome únicamente en los
que
    // tiene coordenada x superior a la del centro.x, y los
    // ordeno de mayor a menor pendiente respecto a la
recta
```

```javascript
// que le une con el punto centro, desplazando hacia
// atrás los que tiene la coordenada x por debajo del
// centro.x.
for (i = 2; i < 2 * this.puntos_num; i = i + 2) {
    if (poligono_array [i] >= centro.x ) {
        j = i;
        ret = pto_1.asignar (poligono_array [i],
        poligono_array [i+1]);
        while (j > 0) {
            if (this.puntos_ordenados_array [j-2] >=
            centro.x ) {
                ret = pto_2.asignar
                (this.puntos_ordenados_array [j-2],
                this.puntos_ordenados_array [j-1]);
                if ((pto_2.x * pto_1.y + centro.x *
                pto_2.y + centro.y * pto_1.x
                - centro.y * pto_2.x - centro.x *
                pto_1.y - pto_2.y * pto_1.x) > 0 ) {
                    break;
                }
            }
            this.puntos_ordenados_array [j] =
            this.puntos_ordenados_array [j-2];
            this.puntos_ordenados_array [j+1] =
            this.puntos_ordenados_array [j-1];
            j = j - 2;
        }
        this.puntos_ordenados_array [j] =
        poligono_array [i];
        this.puntos_ordenados_array [j + 1] =
        poligono_array [i + 1];
    } else {
        this.puntos_ordenados_array [i] =
        poligono_array [i];
        this.puntos_ordenados_array [i + 1] =
        poligono_array [i + 1];
    }
}
// Ahora desde el final del vector, que es donde están
// todos los puntos con coordenada x inferior a
centro.x,
// los voy ordenando de mayor a menor, es decir, el
orden
// contrario al de los puntos superiores.
i = 2 * this.puntos_num - 4;
while (this.puntos_ordenados_array [i] < centro.x && i
> 0 ) {
```

```
        temp_2 [0] = this.puntos_ordenados_array [i];
        temp_2 [1] = this.puntos_ordenados_array [i + 1];
        j = i;
        ret = pto_1.asignar (temp_2 [0], temp_2 [1],
         error_0);
        while (j < 2 * this.puntos_num - 3 &&
         this.puntos_ordenados_array [j + 2] < centro.x ) {
            pto_2.asignar (this.puntos_ordenados_array [j +
            2], this.puntos_ordenados_array [j + 3],
            error_0);
            if ((pto_2.x * pto_1.y + centro.x * pto_2.y +
            centro.y * pto_1.x - centro.y * pto_2.x -
            centro.x * pto_1.y - pto_2.y * pto_1.x ) < 0 )
            {
                break;
            }
            this.puntos_ordenados_array [j] =
            this.puntos_ordenados_array [j + 2];
            this.puntos_ordenados_array [j + 1] =
            this.puntos_ordenados_array [j + 3];
            j = j + 2;
        }
        this.puntos_ordenados_array [j] = temp_2 [0];
        this.puntos_ordenados_array [j + 1] = temp_2 [1];
        i = i - 2;
    }
    return ret;
}

}
```

Algoritmo de cálculo del cierre convexo de una nube de puntos.

En este subcapítulo se comenta el proceso seguido para calcular el cierre convexo de una nube de puntos ordenada con giro positivo.

La implementación del algoritmo se corresponde con la función calibres.cierre_convexo, que no tiene parámetros.

1   Si la nube contiene **más de tres puntos**, se escoge **el primero** del vector de puntos **ordenados con giro positivo** y se le sitúa en el vector de puntos que conforman el **cierre**; sin hacer ninguna comprobación.

2   Formo un triángulo con el **último** punto del vector **cierre**, el **segundo** y el **tercer** punto.

3 Si la orientación del triángulo, siguiendo el orden de los puntos, es **positiva**, es que el triángulo es **convexo**. Pero queda por comprobar que también es un triángulo convexo con los puntos ya incorporados al vector de puntos del **cierre**.

   3.1 Si tenemos **al menos dos puntos** en el vector de puntos del cierre convexo, de la nube de puntos; entonces:

   3.1.1 Mientras que el punto que queremos incorporar al vector de puntos del **cierre** (el segundo punto del triángulo formado) no forme un triángulo **convexo** con alguno de los puntos ya incluidos en el vector de puntos del **cierre**, vamos a ir **quitando esos puntos** al vector **cierre**.

   3.1.1.1 Para comprobar que forma triángulo convexo, ese punto, que queremos comprobar, pasa a ser el punto **tercero** de un nuevo triángulo, el **segundo** es el último del vector **cierre** y el **primero** es el penúltimo. Y, así, sucesivamente, sin cambiar el **tercer** punto. Pero sí el **primero** y el **segundo**.

   3.1.2 Si encontramos algún par de puntos **primero** y **segundo** con el que forme triángulo **convexo**, incluimos el punto a comprobar, en el vector de **cierre**; justo detrás de ese **segundo** punto. Y pasa a ser el **primer** punto del siguiente triángulo que creemos.

   3.1.3 ¡Si se acaba el vector **cierre**!, también incluimos el punto, como **segundo** punto del vector. Y pasa a ser el siguiente **primer** punto del próximo triángulo que formemos.

   3.2 ¡Si tenemos menos de dos puntos en el vector de **cierre**!, incluimos el punto. Y pasa a ser el próximo **primer** punto del próximo triángulo que formemos.

4 Si el triángulo **no es convexo**, no modifico el **primer** punto del próximo triángulo que vayamos a crear.

5 Mientras queden puntos en la nube sin comprobar si pertenecen o no, al **cierre convexo**; formamos triángulos con: el **último punto del vector cierre**; y con el **segundo** y **tercer** punto, de los puntos consecutivos aún pendientes por comprobar si forman parte del **cierre convexo**. Teniendo en cuenta que sólo

el **segundo** punto tiene opción a formar parte del **cierre convexo.**

5.1 Y regresamos al punto 3.

6 Ahora sólo queda repasar que todo es correcto. Ya que, al principio, se incluyó el primer punto sin saber si pertenecía o no al **cierre**; para comenzar a trabajar.

6.1 Dejo fijo el **último** punto del **cierre convexo.**

6.2 Formo un triángulo con éste y con el **primer** y **segundo** punto del vector **cierre.**

6.3 Si el triángulo no es **convexo** elimino el **primer** punto del vector **cierre.**

6.4 Si el triángulo es **convexo** no hago nada.

6.5 Formo un nuevo triángulo siendo el **primer** punto: el anterior al nuevo último punto del vector **cierre**; el **segundo**: el siguiente a este; y el **tercero**: el primer punto del vector **cierre.**

6.6 Si **no es convexo** este nuevo triángulo elimino el último punto del vector **cierre.**

6.7 Si **es convexo**, entonces, el **punto** primero del próximo triángulo que formo, será el **último** punto del vector **cierre.**

6.8 Formo un nuevo triángulo. Cuyo **primer** punto es el último punto (nuevo o sin modificar). Y el **segundo** y **tercer** punto, son los puntos **primero** y **segundo** del vector cierre. Y vuelta a empezar todo el proceso a la posición 6.3.

6.8.1 Esta operativa se realiza para tratar correctamente en el caso de una nube de puntos en forma de "corazón", donde el **primer** punto fuera el pico superior del mismo. Ya que no se detectaría esa "no convexidad" de otro modo.

7 Si la nube es de **menos de tres puntos**, el **cierre** es la propia nube. Y no hay que hacer nada.

El código de la función `calibres_nubes.calcular_cierre_convexo` es el siguiente:

```
function calibres_nubes_calcular_cierre_convexo (error_0)
// - Calcula el cierre convexo de los puntos ordenados.
// NOTA: Los puntos DEBEN PODER FORMAR UN POLIGONO
{
  var ret = true;
  var i = 0;
  var j = 0; // j = índice de los puntos que conforman el
            // cierre.
```

```
var k = 2; // k = índice del segundo y tercer punto del
          // triángulo.
var tri = Object.seal (new triangulos (error_0));
if (this.geometria.puntos_num > 3) {
    // Todo Triángulo siempre es convexo.
    this.cierre_array [0] =
        this.geometria.puntos_ordenados_array [0];
    this.cierre_array [1] =
        this.geometria.puntos_ordenados_array [1];
    j = 2; // Ya he guardado un punto en el cierre, el
          // primero.
    k = 2; // Los puntos a comprobar comienzan en el
          // segundo punto ordenado.
    tri.a.x = this.geometria.puntos_ordenados_array [0];
    tri.a.y = this.geometria.puntos_ordenados_array [1];
    do {
        tri.b.x = this.geometria.puntos_ordenados_array [k %
        (2 * this.geometria.puntos_num)];
        tri.b.y = this.geometria.puntos_ordenados_array [(k +
        1) % (2 * this.geometria.puntos_num)];
        tri.c.x = this.geometria.puntos_ordenados_array [(k +
        2) % (2 * this.geometria.puntos_num)];
        tri.c.y = this.geometria.puntos_ordenados_array [(k +
        3) % (2 * this.geometria.puntos_num)];
        ret = tri.asignar (tri.a, tri.b, tri.c, error_0);
        // Si los tres puntos forman una recta SI considero
que
        // sean convexos, de esta forma supongo que no es un
        // sólo vértice, sino vértices distintos alineados.
        if (tri.calcular_orientacion (error_0) > 0) {
            // El triángulo es convexo. Ahora queda comprobar
que
            // el nuevo punto es también convexo con el convexo
            // anterior.
            // Si no lo es se desecha el último punto de la
            // lista de puntos del cierre sucesivamente, hasta
            // que lo sea o no queden puntos.
            // Si lo es se incluye un nuevo punto convexo 'b'.
            tri.c.x = tri.b.x;    // El 'c' ahora es el 'b'.
            tri.c.y = tri.b.y;
            if (j > 2) {
                do {
                    j = j - 2; // RETROCESO.
                    tri.a.x = this.cierre_array [j-2];
                    // El 'a' ya está en el cierre.
                    tri.a.y = this.cierre_array [j-1];
                    tri.b.x = this.cierre_array [j];
```

73

```
                     // El 'b' ya está en el cierre.
                     tri.b.y = this.cierre_array [j+1];
                     ret = tri.asignar (tri.a, tri.b, tri.c,
error_0);
                } while (tri.calcular_orientacion (error_0) < 0
                   && j > 2);
                if (tri.calcular_orientacion (error_0) > 0) {
                   // Caso que si sea convexo.
                   j = j + 2; // Añadir un nuevo punto convexo.
                           // Aceptamos el punto candidato 'b'
                           // del triángulo más avanzado.
                   this.cierre_array [j] =
                     this.geometria.puntos_ordenados_array [k % (2 *
                     this.geometria.puntos_num)];
                   this.cierre_array [j + 1] =
                     this.geometria.puntos_ordenados_array [( k+1 )
                     % (2 * this.geometria.puntos_num)];
                   tri.a.x = this.cierre_array [j];
                   tri.a.y = this.cierre_array [j + 1];
                   j = j + 2;
                } else {
                   // Caso que no sea convexo con ninguno de los
                   // puntos ya escogidos, lo incluimos por si los
                   // que están mal son los del cierre.
                   // Aceptamos el punto candidato 'b' del
triángulo
                   // más avanzado.
                   this.cierre_array [j] =
                     this.geometria.puntos_ordenados_array [k % (2 *
                     this.geometria.puntos_num)];
                   this.cierre_array [j + 1] =
                     this.geometria.puntos_ordenados_array [( k+1 )
                     % (2 * this.geometria.puntos_num)];
                   tri.a.x = this.cierre_array [j];
                   tri.a.y = this.cierre_array [j + 1];
                   j = j + 2;
                }
             } else {
                // Caso que no haya puntos suficientes los guardo
                // sin ver si es también convexo con los puntos
                // anteriores.
                this.cierre_array [j] =
                  this.geometria.puntos_ordenados_array [k];
                this.cierre_array [j + 1] =
                  this.geometria.puntos_ordenados_array [k + 1];
                tri.a.x = this.geometria.puntos_ordenados_array
                  [k];
```

```
        tri.a.y = this.geometria.puntos_ordenados_array
          [k + 1];
          j = j + 2;
        }
        k = k + 2;
      } else {
        k = k + 2;
      }
    } while (k < this.geometria.puntos_num * 2);
    // Ahora resta comprobar que el último punto que he
    // añadido al vector 'cierre' es convexo con los
primeros
    // puntos del mismo vector.
    // NOTA : Hay que tener en cuenta que el primer punto
se
    // escogió sin comprobar su triángulo de convexidad, y
    // ahora lo hacemos, no con los puntos ordenados, sino
    // con los del cierre.
    tri.a.x = this.cierre_array [j - 2]; // Dejo fijo el
    // último punto convexo.
    tri.a.y = this.cierre_array [j - 1];
    tri.b.x = this.cierre_array [i];
    tri.b.y = this.cierre_array [i + 1];
    tri.c.x = this.cierre_array [i + 2];
    tri.c.y = this.cierre_array [i + 3];
    ret = tri.asignar (tri.a, tri.b, tri.c, error_0);
    i = 0;
    do {
      if (tri.calcular_orientacion (error_0) < 0) {
        // Si se da el caso de que no sea convexo con ese
        // punto 'b', lo elimino, trayendo todos los puntos
        // una posición adelante.
        j = j - 2; // Reduzco el número total de puntos.
                   // (RETROCESO).
        for (k = i; k < j; k = k + 2 ) {
          // Eliminar el punto 'i'.
          this.cierre_array [k] = this.cierre_array [k +
2];
          this.cierre_array [k + 1] = this.cierre_array [k
            + 3];
        }
        // Hemos detectado que el punto 'i' no formaba un
        // triángulo convexo con los siguientes. Pero no
        // sabemos si ahora el último punto es convexo con
su
        // anterior y su nuevo siguiente.
        // Tampoco sabemos si el nuevo primer punto es
```

```
            // convexo con el último y su siguiente.
         } else {
            // El primer punto es convexo con el último y el
            // segundo, pero tenemos que saber si lo es también
            // con el punto que preceden al último, ya que no
se
            // llega a comprobar en un caso particular.
         }
         tri.a.x = this.cierre_array [j - 4];
         tri.a.y = this.cierre_array [j - 3];
         tri.b.x = this.cierre_array [j - 2];
         tri.b.y = this.cierre_array [j - 1];
         tri.c.x = this.cierre_array [i];
         tri.c.y = this.cierre_array [i + 1];
         ret = tri.asignar (tri.a, tri.b, tri.c, error_0);
         if (tri.calcular_orientacion (error_0) < 0) {
            j = j-2; // El último punto, ahora resulta que ya
no
                     // es convexo,
            // ya que su sucesor ha cambiado, y lo quito.
         } else {
            // No quito el último punto. Y vuelta a empezar.
            tri.a.x = this.cierre_array [j-2];
            tri.a.y = this.cierre_array [j-1];
         }
         tri.b.x = this.cierre_array [i];
         tri.b.y = this.cierre_array [i+1];
         tri.c.x = this.cierre_array [i+2];
         tri.c.y = this.cierre_array [i+3];
         ret = tri.asignar (tri.a, tri.b, tri.c, error_0);
      } while (tri.calcular_orientacion (error_0) < 0);
   } else {
      for (i = 0; i < 2 * this.geometria.puntos_num; i = i +
      2 ){
         this.cierre_array [i] =
           this.geometria.puntos_ordenados_array [i];
         this.cierre_array [i + 1] =
           this.geometria.puntos_ordenados_array [i + 1];
      }
      j = 2 * this.geometria.puntos_num;
   }
   // Hago que el último punto sea el primero, para tener el
   // ciclo cerrado.
   this.cierre_array [j] = this.cierre_array [0];
   this.cierre_array [j+1] = this.cierre_array [1];
   this.puntos_cierre_num = j/2;
   return ret;
```

}

Algoritmo, poco óptimo, de cálculo de las distancias de lado a punto.

A continuación se procede a describir el proceso de cálculo de las distancias desde los lados de un polígono, ya convexo, con todos los puntos del propio polígono.

La primera crítica que se puede hacer a este algoritmo es que es de complejidad cuadrática (del orden de n^2). Es decir, que para cada punto del contorno, comprueba otros tantos puntos del contorno, realizándose comprobaciones n veces para todos los puntos que haya.

La implementación que se comenta correspondía inicialmente con la de la función `calibres.max_min_distancia_lado_a_punto`. Pero esta función se modificó a fin de emplear un algoritmo más idóneo, óptimo y acorde con la idea del uso de calibres.

1 Mientras que no se comprueben todos los lados del polígono:

2 Formamos una recta con dos puntos consecutivos del polígono.

3 Se recorre todo el polígono midiendo la distancia de cada punto con la recta recién formada y **guardamos el punto que da la mayor distancia con la recta y esa distancia**.

4 La distancia **máxima** para ese lado se compara con la **máxima** obtenida de medir lados anteriores, y si es mayor se guarda tanto la recta y su límite de segmento, el punto y la distancia, para pasar a ser la **máxima** distancia de lado a recta parcial obtenidas.

5 La distancia **máxima** para ese lado se compara con la **mínima** obtenida de medir lados anteriores, y si es menor se guarda tanto la recta y su límite de segmento, el punto y la distancia, para pasar a ser la **mínima** distancia de lado a recta parcial obtenidas.

6 Cambiamos los dos puntos consecutivos con los que formar una nueva recta.

7 Cuando el último lado (el que acaba en el primer punto del vector) haya sido comprobado; finaliza el proceso y hemos obtenido las distancias totales.

Como el polígono es convexo, la búsqueda del punto más alejado de una recta se detiene cuando la distancia medida es menor que la última distancia medida. Para medir la recta que pasa por el vértice siguiente, comenzamos a medir desde el punto contrario que estaba más alejado del vértice en el que estábamos. Así es más fácil encontrar el punto más alejado siguiente.

Máxima distancia entre puntos de un cierre convexo

Algoritmo poco óptimo de obtención de la máxima distancia entre puntos.

El cálculo de la máxima distancia entre los puntos de un polígono sería el que sigue. Pero, antes, es importante indicar que este mecanismo es el típico sistema de búsqueda de fuerza bruta. El cual no aprovecha los cálculos ni las ventajas que aportan los procesos realizados anteriormente. Se base en la comparación combinatoria de los pares de puntos. Y su complejidad por tanto es del orden de n^2.

El método consiste en los siguientes pasos:

1   Para cada punto del polígono.
2   Lo medimos con cada uno de los puntos que lo siguen hasta el final de la lista de puntos.
3   Si la distancia es mayor que la distancia parcial, los puntos implicados pasan a ser los datos de la mayor distancia parcial.
4   Una vez recorridos todos los puntos del polígono y comparados con sus seguidores finaliza el proceso.

Algoritmo de obtención de la máxima distancia entre puntos.

En este sistema de obtención de la máxima distancia, lo único que tenemos que hacer es aprovecharnos de los cálculos anteriores.

La idea es que los puntos más alejados entre sí están en las dos rectas más alejadas entre sí. Las cuales ya las conocemos.

1   Calculamos la distancia desde primer extremo del lado por el que pasa una de las paralelas de máxima distancia, al punto por el que pasa la otra paralela.
2   Hacemos igual con el otro extremo del lado.
3   Los puntos que den la mayor distancia dan la solución.

Cálculo de calibres para dos nubes de puntos.

Algoritmo general de cálculo de calibres para dos nubes de puntos.

El empleo de las medidas de las distancias entre puntos de una nube también se aplica, perfectamente, cuando se da el caso en el que los puntos pertenezcan a distintas nubes de puntos. Este sería el caso de dos nubes. Y, de él, se extraen todas las conclusiones precisas para ampliar a un mayor número de nubes, ya que la comparación sería siempre para calcular la mínima instancia de dos a dos, volviendo así al caso ya resuelto.

Para calcular la distancia entre dos conjuntos, necesitamos un estado inicial. Dicho estado tiene que permitirnos desplazar las paralelas que representan nuestro calibre, de modo que siempre estén en el contorno de sendos polígonos, y además a una distancia máxima.

Lo primero que podría ocurrírsenos hacer sería (como en el caso de una sola nube de puntos) fijar un lado y buscar el punto de máximo alejamiento. Pero, en este algoritmo, resulta mucho más eficiente desplazar dos rectas paralelas verticales y de sentido contrario desde el infinito hacia el centro de los dos polígonos. El resultado será que uno de los dos polígonos encontrará una de las rectas antes que el otro, y tendrá todos sus puntos a un lado de dicha recta. Y la otra recta tendrá que estar en contacto con el otro polígono. Esto que hemos hecho ya nos sirve como primer calibre, y lo mismo habría sucedido si las rectas hubieran sido horizontales.

Si ya tenemos y calibre inicial, podemos seguir el proceso de desplazamiento de calibres por los contornos de las dos nubes de puntos: Siempre se moverá la recta del lado que tenga menor ángulo con el lado siguiente, y la otra recta no se moverá, salvo para cambiar su inclinación y seguir siendo paralela a la que giró el menor ángulo.

Si giramos los calibres del modo descrito anteriormente, en el momento en que uno de los contornos se rodee por completo y le vuelva a tocar cambiar al lado primero, ya podemos parar, porque habremos tomado todas las medidas.

Otro dato, que nos puede servir de utilidad, es la circunstancia de que mientras estén las paralelas dejando a su derecha a la otra. Y debido a que son de sentidos opuestos, no se habrá alcanzado una situación de posible distancia mínima entre conjuntos. Esta observación, además, nos permite indicar que, de hecho, si en ningún momento las rectas se encuentran una a la izquierda de la otra, es que o hay corte de polígonos, o intersección, o inclusión.

Debe recordarse que para cumplirse lo ya explicado, una de las condiciones es haber comenzado el calibrado dejando todos los puntos a la derecha de una recta en un polígono, y al derecha de otra recta. Y además, ésta, de sentido contrario (muy importante), en el otro polígono.

El cálculo de distancia se divide entre nubes de puntos de más de un punto, una nube y un punto, y entre dos puntos.

En el caso de calcular las distancias entre dos nubes de más de dos puntos, presentamos el código de la función `dos_poligonos.distancia_poligonos_n`:

```
function calibres_dos_nubes_calcular_distancia_poligonos_n
    (poligono_1_array, puntos_1_num, poligono_2_array,
    puntos_2_num, recta_lado, punto_fin_lado,
    punto_vertice_opuesto, distancia_0, error_0)
// - Función que dados dos poligonos con más de dos puntos
//   cada uno con puntos ordenados, de pares de enteros
x,y;
//   calcula la distancia mínima de un lado a un vértice
del
//   otro lado.
// - poligono_1_array: Matriz de pares de puntos x,y del
//   primer polígono.
//   puntos_1_num: Número de puntos del primer poligono.
//   poligono_2_array: Matriz de pares de puntos x,y del
//   segundo polígono.
//   puntos_2_num: Número de puntos del segundo polígono.
//   recta_lado: Recta que es pasa por el vértice del
//      polígono y empieza en uno de sus vértices.
//   punto_fin_lado: El otro vértice de la recta.
//   punto_vertice_opuesto: Punto del otro polígono con el
//   que se toma la distancia.
//   distancia_0: Distancia de un lado al vértice del otro
//   polígono.
// - devuelve 0 si todo es correcto. -1 si un polígono
//   está  dentro de otro, o en interseccion.
{
```

```javascript
var ret = true;
var en_frente = 0;
var base = 0;
var es_base = 1;
var lados_1_num;
var lados_2_num;
var recta_angulo_base = Object.seal (new rectas
  (error_0));
var recta_angulo_par = Object.seal (new rectas
  (error_0));
var punto_base = Object.seal (new puntos (error_0));
var punto_par = Object.seal (new puntos (error_0));
var recta_lado_actual = Object.seal (new rectas
  (error_0));
var dista = 0.0;
var cambio_lado;
distancia_0 [0] = Number.MAX_VALUE;
var base_0 = [base];
ret = this.geometria.buscar_punto_mas_derecha
  (poligono_1_array, puntos_1_num, base_0, error_0);
base = base_0 [0];
var en_frente_0 = [en_frente];
ret = this.geometria.buscar_punto_mas_izquierda
  (poligono_2_array, puntos_2_num, en_frente_0, error_0);
en_frente = en_frente_0 [0];
// Empiezo situando dos paralelas, una a la derecha del
// polígono 1 y la otra a la izquierda del polígono 2.
// Genero un nuevo ángulo en la recta paralela, a partir
// del vector de dirección de recta_lado_actual, pero en
// sentido contrario.
recta_angulo_par.origen.x = poligono_2_array [en_frente];
recta_angulo_par.origen.y = poligono_2_array [en_frente +
  1];
recta_angulo_par.fin.x = recta_angulo_par.origen.x;
recta_angulo_par.fin.y = recta_angulo_par.origen.y-10;
recta_angulo_par.pendiente = 0;
recta_angulo_par.tipo_pendiente =
  recta_angulo_par.pendientes.INFINITA;
// Calculo el primer punto pivote de la recta paralela al
// lado.
punto_par.x = poligono_2_array [(en_frente + 2) % (2 *
  puntos_2_num)];
punto_par.y = poligono_2_array [(en_frente + 3) % (2 *
  puntos_2_num)];
// Calculo el primer punto que esta siguiente a la recta
// base.
```

```
punto_base.x = poligono_1_array [(base + 2) % (2 *
  puntos_1_num)];
punto_base.y = poligono_1_array [(base + 3) % (2 *
  puntos_1_num)];
// Genero un ángulo proyectando el lado base.
recta_angulo_base.origen.x = poligono_1_array [base];
recta_angulo_base.origen.y = poligono_1_array [base + 1];
recta_angulo_base.fin.x = recta_angulo_base.origen.x;
recta_angulo_base.fin.y = recta_angulo_base.origen.y +
  10;
recta_angulo_base.pendiente = 0;
recta_angulo_base.tipo_pendiente =
  recta_angulo_base.pendientes.INFINITA;
var resultado_0 = [0];
ret = this.calibre_nube_1.comparar_angulos
  (recta_angulo_base.origen, punto_base,
  recta_angulo_par.origen, punto_par, resultado_0,
  error_0);
if (resultado_0 [0] <= 0) {
  // recta_angulo_base tiene MAYOR ángulo.
  recta_lado_actual.asignar (recta_angulo_par.origen,
    punto_par, error_0);
  recta_angulo_par.origen = global.copiar
    (recta_angulo_base.origen, recta_angulo_par.origen);
  recta_angulo_par.fin.x = recta_angulo_par.origen.x +
    recta_lado_actual.origen.x - recta_lado_actual.fin.x;
  recta_angulo_par.fin.y = recta_angulo_par.origen.y +
    recta_lado_actual.origen.y - recta_lado_actual.fin.y;
  recta_angulo_base.origen = global.copiar (punto_par,
    recta_angulo_base.origen);
  recta_angulo_base.fin.x = recta_angulo_base.origen.x +
    recta_lado_actual.fin.x - recta_lado_actual.origen.x;
  recta_angulo_base.fin.y = recta_angulo_base.origen.y +
    recta_lado_actual.fin.y - recta_lado_actual.origen.y;
  punto_par = global.copiar (punto_base, punto_par);
  en_frente = en_frente + 2;
  // Cambia el punto final de la recta_lado_actual.
  punto_base.x = poligono_2_array [(en_frente + 2) % (2 *
    puntos_2_num)];
  punto_base.y = poligono_2_array [(en_frente + 3) % (2 *
    puntos_2_num)];
  lados_2_num = 0;
  lados_1_num = 1;
  recta_angulo_base.pendiente =
    recta_lado_actual.pendiente;
  recta_angulo_base.tipo_pendiente =
    recta_lado_actual.tipo_pendiente;
```

```
    recta_angulo_par.pendiente =
        recta_lado_actual.pendiente;
    recta_angulo_par.tipo_pendiente =
        recta_lado_actual.tipo_pendiente;
    es_base = 0;
} else {
    // recta_angulo_base tiene MENOR ángulo.
    recta_lado_actual.asignar (recta_angulo_base.origen,
        punto_base, error_0);
    recta_angulo_base.origen = global.copiar (punto_base,
        recta_angulo_base.origen);
    recta_angulo_base.fin.x = punto_base.x +
        recta_lado_actual.fin.x - recta_lado_actual.origen.x;
    recta_angulo_base.fin.y = punto_base.y +
        recta_lado_actual.fin.y - recta_lado_actual.origen.y;
    base = base + 2;
    punto_base.x = poligono_1_array [(base + 2) % (2 *
        puntos_1_num)];
    punto_base.y = poligono_1_array [(base + 3) % (2 *
        puntos_1_num)];
    lados_1_num = 0;
    lados_2_num = 1;
    recta_angulo_base.pendiente =
        recta_lado_actual.pendiente;
    recta_angulo_base.tipo_pendiente =
        recta_lado_actual.tipo_pendiente;
    recta_angulo_par.pendiente =
        recta_lado_actual.pendiente;
    recta_angulo_par.tipo_pendiente =
        recta_lado_actual.tipo_pendiente;
    recta_angulo_par.fin.x = recta_lado_actual.origen.x -
        recta_lado_actual.fin.x + recta_angulo_par.origen.x;
    recta_angulo_par.fin.y = recta_lado_actual.origen.y -
        recta_lado_actual.fin.y + recta_angulo_par.origen.y;
    es_base = 1;
}
// Guardo los datos de posible cruce o intersección de
// polígonos.
cambio_lado = 0;
resultado_0 = [0];
ret = recta_angulo_base.calcular_posicion
    (recta_angulo_par.origen, resultado_0, error_0);
if (resultado_0 [0] < 0) {
    cambio_lado = 1;
}
// Comienza la búsqueda de distancias menores.
while (true) {
```

```
if (lados_1_num > puntos_1_num || lados_2_num >
puntos_2_num) {
  break;
}
resultado_0 = [0];
ret = this.calibre_nube_1.comparar_angulos
  (recta_angulo_base.origen, punto_base,
  recta_angulo_par.origen, punto_par, resultado_0,
  error_0);
if (resultado_0 [0] <= 0) {
  // recta_angulo_base tiene MAYOR ángulo.
  // Avanzo un lado del polígono, por la parte opuesta
  // ("Pararela").
  recta_lado_actual.origen = global.copiar
    (recta_angulo_par.origen, recta_lado_actual.origen);
  recta_lado_actual.fin = global.copiar (punto_par,
    recta_lado_actual.fin);
  ret = recta_lado_actual.asignar
    (recta_lado_actual.origen, recta_lado_actual.fin,
    error_0);
  if (es_base) {
    punto_par = global.copiar (punto_base, punto_par);
    // El punto base no cambia.
    en_frente = (en_frente + 2) % (2 * puntos_2_num);
    punto_base.x = poligono_2_array [(en_frente + 2) %
      (2 * puntos_2_num)];
    punto_base.y = poligono_2_array [(en_frente + 3) %
      (2 * puntos_2_num)];
    es_base = 0;
    lados_1_num ++;
  } else {
    punto_par = global.copiar (punto_base, punto_par);
    // El punto en_frente no cambia.
    base = (base + 2) % (2 * puntos_1_num);
    punto_base.x = poligono_1_array [(base + 2) % (2 *
      puntos_1_num)];
    punto_base.y = poligono_1_array [(base + 3) % (2 *
      puntos_1_num)];
    es_base = 1;
    lados_2_num ++;
  }
  // Genero un nuevo ángulo paralelo con la recta
actual,
  // en el primer extremo del vector que era antes
  // en ángulo base.
  recta_angulo_par.origen = global.copiar
    (recta_angulo_base.origen, recta_angulo_par.origen);
```

```
    recta_angulo_par.fin.x = recta_angulo_base.origen.x +
    recta_lado_actual.origen.x -
    recta_lado_actual.fin.x;
    recta_angulo_par.fin.y = recta_angulo_base.origen.y +
    recta_lado_actual.origen.y -
    recta_lado_actual.fin.y;
    recta_angulo_par.pendiente =
    recta_lado_actual.pendiente;
    recta_angulo_par.tipo_pendiente =
    recta_lado_actual.tipo_pendiente;
    // Ahora genero un ángulo en el vértice último de
    // recta_lado_actual.
    recta_angulo_base.origen = global.copiar
    (recta_lado_actual.fin, recta_angulo_base.origen);
    recta_angulo_base.fin.x = recta_lado_actual.fin.x +
    recta_lado_actual.fin.x -
    recta_lado_actual.origen.x;
    recta_angulo_base.fin.y = recta_lado_actual.fin.y +
    recta_lado_actual.fin.y -
    recta_lado_actual.origen.y;
    recta_angulo_base.pendiente =
    recta_lado_actual.pendiente;
    recta_angulo_base.tipo_pendiente =
    recta_lado_actual.tipo_pendiente;
} else {
    // recta_angulo_base tiene MENOR ángulo.
    // Avanzo un lado el polígono por la zona de base.
    recta_lado_actual.origen = global.copiar
    (recta_angulo_base.origen,
    recta_lado_actual.origen);
    recta_lado_actual.fin = global.copiar
    (punto_base,recta_lado_actual.fin);
    recta_lado_actual.asignar (recta_lado_actual.origen,
    recta_lado_actual.fin, error_0);
    if (es_base) {
        base = (base + 2) % (2 * puntos_1_num);
        punto_base.x = poligono_1_array [(base + 2) % (2 *
        puntos_1_num)];
        punto_base.y = poligono_1_array [(base + 3) % (2 *
        puntos_1_num)];
        lados_1_num ++;
    } else {
        en_frente = (en_frente + 2) % (2 * puntos_2_num);
        punto_base.x = poligono_2_array [(en_frente + 2) %
        (2 * puntos_2_num)];
        punto_base.y = poligono_2_array [(en_frente + 3) %
        (2 * puntos_2_num)];
```

85

```
    lados_2_num ++;
}
// Cambio el ángulo recta_angulo_par a unos nuevos
// grados.
recta_angulo_par.fin.x = recta_angulo_par.origen.x +
    recta_lado_actual.origen.x -
    recta_lado_actual.fin.x;
recta_angulo_par.fin.y = recta_angulo_par.origen.y +
    recta_lado_actual.origen.y -
    recta_lado_actual.fin.y;
recta_angulo_par.pendiente =
    recta_lado_actual.pendiente;
recta_angulo_base.tipo_pendiente =
    recta_lado_actual.tipo_pendiente;
// Ahora genero un nuevo ángulo en el vértice último
de
// recta_lado_actual.
recta_angulo_base.origen = global.copiar
    (recta_lado_actual.fin, recta_angulo_base.origen);
recta_angulo_base.fin.x = recta_lado_actual.fin.x +
    recta_lado_actual.fin.x
    - recta_lado_actual.origen.x;
recta_angulo_base.fin.y = recta_lado_actual.fin.y +
    recta_lado_actual.fin.y -
    recta_lado_actual.origen.y;
recta_angulo_base.pendiente =
    recta_lado_actual.pendiente;
recta_angulo_base.tipo_pendiente =
    recta_lado_actual.tipo_pendiente;
}
// Comprobar que no hay intersección de polígonos o
// inclusión.
resultado_0 = [0];
ret = recta_angulo_base.calcular_posicion
    (recta_angulo_par.origen, resultado_0, error_0);
if (resultado_0 [0] < 0) {
    cambio_lado = 1;
    resultado_0 = [dista];
    ret = recta_lado_actual.segmentos_calcular_distancia
    (recta_angulo_par.origen, resultado_0, error_0);
    dista = resultado_0 [0];
    if (dista < distancia_0 [0]) {
        // - Buscamos la mínima distancia de todos los
lados
        //   que han superado la selección.
        distancia_0 [0] = dista;
```

```
        recta_lado = global.copiar (recta_lado_actual,
        recta_lado);
        punto_fin_lado = global.copiar
        (recta_lado_actual.fin, punto_fin_lado);
        punto_vertice_opuesto = global.copiar
        (recta_angulo_par.origen, punto_vertice_opuesto);
    }
  }
} /* while */
if (cambio_lado) {
  return 0;
} else {
  return -1;
}
}
```

Pruebas y conclusiones

La aplicación gráfica desarrollada en JavaScript no busca tener una aplicación profesional, aunque sí es cierto que los cálculos que realiza, son utilizados en ciertos usos, como para la determinación de tamaños de elementos para comprobar si cumplen con las normas de diseño, o comprobar que encajan bien dentro de otros, y en qué posición.

Si la aplicación fuera a ser empleada con un fin distinto que el de ejemplo de aplicación JavaScript, sería necesario que superara un conjunto de pruebas muy grande y complejo, pues los datos de entrada permiten miles de combinaciones, tanto en número como en posicionamientos.

Para dar por finalizada la aplicación, se realizaron unas pocas pruebas, insuficientes si fuéramos a tener en cuenta un fin distinto del de servir de ejemplo en este libro.

Se han probado, para una nube de puntos, entradas compuestas por:

- Un único punto.
- Dos puntos.
- Tres puntos.
- Cuatro puntos.

Y para dos nubes de puntos, se probaron:

- Dos nubes de un punto cada una.
- Una nueve de cuatro puntos y otra de un punto.
- Dos nubes de cuatro puntos separadas.
- Dos nubes de cuatro puntos, una dentro de otra.
- Dos nubes de cuatro puntos en intersección.
- Dos nubes de cuatro puntos donde una atraviesa a otra.

Conclusiones

El desarrollo en JavaScript hace un uso completo de las capacidades de los navegadores Web. Además, el motor de ejecución y de depuración está incorporado en ellos, por lo que no hay que instalar nada adicional en el ordenador cliente. A diferencia de lo que ocurre con la tecnología de Applets de Java, que requiere instalar el JRE en el ordenador cliente.

La programación en JavaScript requiere, para hacer las pruebas, de tener un servidor Web desde donde descargar las páginas Web y JavaScript, pues el objetivo final de una aplicación cliente Web es que se distribuya en Internet. Si no es ese el caso, tal vez, sería más interesante utilizar otra tecnología de desarrollo de aplicaciones.

Para completar el aprendizaje de los conceptos explicados en el libro, sería conveniente que el lector descargara la aplicación cliente Web.

Puede hacerlo en:

https://drive.google.com/file/d/0B0tUAZnW9rruaU9fMHA5OXM zTEk/edit?usp=sharing

También puede probar y descargarse la aplicación desde www.sourceforge.net o www.sf.net. Puede accederse a la aplicación en: http://calibrenubes.sourceforge.net/ y se puede descargar el código   fuente   en: https://sourceforge.net/projects/calibrenubes/files/

De nuevo, insistir en que es un mero ejemplo, sin ningún objetivo distinto del mismo. Y el código fuente se entrega sin garantía alguna de su posible mala utilización o mal funcionamiento.

Apéndice I: Palabras claves de JavaScript

Comentarios

- // Comentario de una línea, finaliza con el salto de línea.
- /* */ Comentario delimitado: inicio: /*, y finaliza al encontrar el primer */.

Contantes

- Números (enteros o flotantes): Internamente, JavaScript representa todos los números como valores de punto flotante.

  Se pueden representar en base 10 (decimal), base 16 (hexadecimal) y base 8 (octal). La mayor parte de los números de JavaScript se escriben en decimal.

  Para indicar enteros hexadecimales ("hex"), ponga como prefijo "0x" (cero y x o X). Sólo pueden contener dígitos del 0 al 9 y letras de la A, a la F (mayúsculas o minúsculas). Las letras comprendidas entre la A y la F se usan para representar, como dígitos únicos, los números comprendidos entre 10 y 15 en base 10. Es decir, 0xF es equivalente a 15 y 0x10 es equivalente a 16.

  Para denotar enteros octales, ponga como prefijo un "0" (cero) inicial. Sólo pueden contener dígitos del 0 al 7. Un número precedido por un "0" y que contiene los dígitos "8" y/o "9" se interpreta como un número decimal.

  Los números hexadecimales y octales pueden ser negativos, pero no pueden contener una parte decimal ni escribirse en notación científica (exponencial).

  Los valores de punto flotante pueden ser números enteros con una parte decimal (con el punto decimal ("."")). Además, pueden expresarse en notación científica. Es decir, se usa una "e" en mayúsculas o minúsculas para representar "diez a la potencia de". JavaScript representa los números usando el estándar de punto flotante de ocho bytes de IEEE 754 para la representación numérica. Esto significa que puede escribir números tan grandes como $1,79769 \times 10^{308}$ y tan pequeños como 5×10^{-324}.

  Hay unos valores especiales para los números:

- o `NaN` (no es un número). Se utiliza al realizar una operación matemática en datos inapropiados, como cadenas o con el valor no definido
- o Infinito positivo. Se utiliza cuando un número positivo es demasiado grande para representarlo en JavaScript. `Infinity` es `Number.POSITIVE_INFINITY`.
- o Infinito negativo. Se usa cuando un número negativo es demasiado grande para representarlo en JavaScript. Es: `Number.NEGATIVE_INFINITY`.
- o Cero negativo y positivo. JavaScript distingue entre cero positivo y negativo.
- o También existen `Number.MAX_VALUE` y `Number.MIN_VALUE`.

- Booleanos: Son `true` (verdad) o `false` (falso).
- Cadenas de caracteres: Se definen delimitándolas entre comillas simples (`'`). O entre comillas dobles (`"`). Permiten insertar caracteres especiales mediante las secuencias de escape: `\'`, `\"`, `\\`, `\n` (nueva línea), `\r` (retorno de carro), `\t` (tabulador), `\b` (espacio atrás), `\f` (salto de página), `\u`... (Carácter Unicode codificado en hexadecimal).
- El valor nulo: `null` o `NULL`. Referencia a nada.
- El valor indefinido: `undefined`. Permite preguntar si una variable ha sido definida o no. Por ejemplo: `if (x == undefined) { ...`

Las variables, las constantes y los arrays

En JavaScript son distintas las letras mayúsculas y minúsculas. Por lo que se recomienda utilizar solo minúsculas. Sin embargo, los objetos ya creados siguen otro sistema de nomenclatura y las mayúsculas se utilizan en ellos.

Las variables se declaran con la instrucción: `var`. Si no se usa se entiende que la variable mencionada es global, externa a la función. Y, si no existe, se producirá un error en tiempo de ejecución.

Se pueden declarar variables con `let` de modo que su existencia está limitada al bloque de código, y no a la función.

Las constantes se declaran con: `const`, le sigue un nombre y luego la asignación, con =, del valor que va a tener. Una vez creadas no pueden cambiar de valor.

Los arrays se crean poniendo sus valores entre corchetes, por ejemplo:

```
var array_nuevo = ["cero", "uno", "dos"];
var array_otro = [];
```

El acceso a los elementos de un array se hace con los corchetes. Un array puede contener otros arrays. En ese caso se ponen los índices, entre corchetes, a continuación, para acceder a los subarrays.

Los arrays se indexan a partir del cero. Y pueden tener por índice cadenas de caracteres. Por ejemplo:

```
array_nuevo ["tres"] = "otro valor";
```

En cuyo caso se puede denominar de dos formas, con el índice 2 y con el índice "tres".

También se pueden crear con:

```
var array_forma_1 = new Array ();
var array_forma_2 = new Array ("cero", "uno", "dos");
var array_forma_3 = new Array (3); // 3 elementos.
```

Para conocer la longitud de un array se usa:

```
<nombre del array>.length
```

Para eliminar elementos de un array o de un objeto se utiliza:

```
delete <elemento del array>
```

También se pueden referenciar los índices de un array con un punto seguido de su nombre. Esto no es válido si el índice empieza por un número. Así, es equivalente, por ejemplo: array_forma_2 ["cero"], que también puede ser usado como: array_forma_2.cero.

La asignación de array no copia su contenido. Sino que comparte la referencia al mismo. Si se quiere crear una copia de un array hay que emplear el método **slice ()**. Por ejemplo:

```
mi_array = [1];
mi_array_1 = mi_array;
mi_array_1 [0] = 2; // Cambia a mi_array, pues son el
mismo.
mi_array_1 [0] = mi_array.slice ();
mi_array_1 [0] = 3; // Solo cambia a mi_array_1,
                    // pues son distintos ahora.
```

Los tipos de datos

Para conocer el tipo de datos de una variable se utiliza: `typeof` Devuelve una cadena de caracteres con el tipo. Los tipos posibles son:

- Indefinido: `"undefined"`
- Nulo: `"object"`
- Booleano: `"boolean"`
- Numero: `"number"`
- Cadena de caracteres: `"string"`
- Es una function: `"function"`
- Objeto XML: `"xml"`
- Un objeto: `"object"`

Operadores

- Matemáticos: + (suma, también concatena cadenas de caracteres), - (resta), * (multiplicación), / (división decimal), % (resto de la división entera), ++ (preincremento o postincremento, con 1), -- (predecremento o postdecremento, con -1), - (signo negativo, cambia el signo).
- De concatenación de cadenas de caracteres: +. Concatenación y asignación: +=.
- Operadores lógicos: && ("y lógico"), || ("o lógico"), ! ("negación lógica).
- Comparación: == (igualdad), != (distinto), === (iguales y del mismo tipo de datos), !== (distintos o de distinto tipo de datos), > (mayor), >= (mayor o igual), < (menor), <= (menor o igual)
- Operaciones de bits: & ("y binario"), | ("o binario"), ^ ("xor binario"), ~ ("no binario"), << (desplazar bits a izquierda rellenando con ceros), >> (desplazar bits a derecha propagando el signo), >>> (desplazar bits a derecha rellenado con ceros)
- Asignación: =, += (suma y asigna), -= (resta y asigna), *= (multiplica y asigna), /= (divide y asigna)
  - o Asignación con operadores de bit: >>=, <<=, >>>=, &=, |=, ^=.

- **NOTA: El operador = copia los elementos de tipo básico: Number, Boolean, String. Pero establece una referencia hacia el objeto o el array asignado.**
  - o **De modo que si se quiere crear una copia de un array hay que emplear el método slice ().** Por ejemplo:

```
mi_array = [1];
mi_array_1 = mi_array;
mi_array_1 [0] = 2; // Cambia a mi_array, pues son el
mismo.
mi_array_1 [0] = mi_array.slice ();
mi_array_1 [0] = 3; // Solo cambia a mi_array_1,
                    // pues son distintos ahora.
```

  - o **Si se quiere crear una copia de un objeto hay que emplear un bucle.** Por ejemplo:

```
objeto_x = {x: 1 };
objeto_1_x = objeto_x;
objeto_1_x.x = 2; // Cambia a objeto_x.x, pues son el
mismo.
var i = 0;
for (i in objeto) {
    objeto_1 [i] = objeto [i];
}
objeto_1_x.x = 3; // Solo cambia a objeto_x.x,
                  // pues son distintos ahora mismo.
```

  - o **Sin embargo, si el objeto contiene otros objetos o arrays, no sirve; y hay que crear una función recursiva.** Por ejemplo:

```
function globales_copiar (origen, destino)
{
    if (typeof (origen) == "object") {
        if (! Object.isFrozen (origen)) {
            for (var i in origen) {
                destino [i] = globales_copiar (origen [i],
                destino [i]);
            }
        }
        return destino;
    } else {
        return origen;
    }
}
```

Instrucciones de control

El código se estructura en bloques, que comienzan con la llave de inicio ({) y terminan con la llave de fin (}).

Se recomienda hacer un salto de línea después de la llave de apertura ({) y aderechar las siguientes líneas cuatro espacios. Y cerrar el bloque en una nueva línea y aizquierdar cuatro espacios antes del cierre (}). Después de la llave de cierre se hace un salto de línea.

Las instrucciones de control pueden no llevar bloque, pero se recomienda que siempre lo lleven.

Bifurcaciones

* La instrucción if:

```
if (<condición booleana>) {
    <código>
}

if (<condición booleana>) {
    <código>
} else {
    <código>
}

if (<condición booleana>) {
} else if (<condición booleana>) {
    <código>
} else {
    <código>
}
```

Pueden situarse múltiples condiciones intermedias con: else if. La parte final: else { ... } es opcional.

* La instrucción: switch. No se recomienda utilizarla.

```
switch (<variable>) {
case <valor>: <código>
    break;
default: <código>
}
```

Pueden ponerse múltiples casos. La instrucción break es opcional, pero se recomienda emplearla. La parte final: default, es opcional.

No se recomienda el uso de saltos y etiquetas. Sin embargo, se pueden realizar saltos en mediante la creación de etiquetas, con el formato: <nombre de etiqueta>: (dos puntos detrás).

Se salta a ellas con break <nombre de etiqueta> o con continue <nombre de etiqueta>.

Bucles

Se recomienda utilizar un único modelo de bucle:

```
while (true) {
    if (<condición de fin de bucle>) {
        break;
    }
    <código>
}
```

La condición de salida puede ser múltiple, y situarse en diferentes puntos dentro del código del bucle.

Para recorrer los atributos de un array o de un objeto, en el orden de creación, se utiliza:

```
for (<variable> in <array u objeto>) {
    <código>
}
```

En la variable se guarda el **nombre** del índice del array o del atributo, como una cadena de caracteres. El bucle termina cuando no hay más elementos por recorrer, dentro del array o el objeto.

La **ruptura de un bucle** se realiza con la instrucción break. Existe otra instrucción para saltar el bucle, llegar a su fin y pasar a su comienzo, que es: continue, pero no se recomienda utilizarla.

Existen otros que no se explican detalladamente:

```
while (<condición de salida>) {
    <código>
}
```

```
do {
    <código>
} while (<condición de salida>);
```

```
for (<iniciación>; <condición de salida>; <código>) {
    <código>
}
```

Las funciones

Se declaran con la palabra reservada: `function`. Luego le sigue el nombre de la función y los parámetros. Después le sigue el bloque con el cuerpo de la función.

Para que una función retorne un valor se utiliza: `return`, dentro del cuerpo de la función. Y, a continuación, el dato que devolver.

Se recomienda que todas las funciones devuelvan un valor booleano: `true` si termina correctamente o su resultado es verdad. O `false` si termina con algún error o su resultado es falso. También se recomienda que exista una variable donde se devuelva un mensaje de error en caso de que se haya producido alguno.

Los parámetros no son cambiables dentro de la función, a menos que sean elementos de un arrays, o atributos o métodos de objetos. Es decir, son referencias a los datos que se pasaron en la llamada. Si se intenta modificar un valor constante se producirá un error.

Se recomienda que los parámetros que pueden cambiar, tengan un sufijo que indique su tipo:

- Un **array** de un solo elemento, tendrá el sufijo: "_0".
- Un **array** de elementos desconocidos, tendrá el sufijo: "_array".
- Un **objeto** con un único atributo (x), tendrá el sufijo: "_x0".
- Un **objeto** dos atributos (x, y), tendrá el sufijo: "_x0y1".
- Un **objeto** un atributo (x), que es un array, tendrá el sufijo: "_x0_array".

Para pasar datos que van a ser modificados, y que no son arrays ni objetos, puede ser preciso ponerlos dentro del índice 0 de un array, por lo que hay que crear dicho array solo para el paso y la recepción, de los datos del parámetro cambiable. Por ejemplo, un array con un elemento ([0]) se formaría como: `var resultado_0 = [100];`

Otra solución es no crear variables de tipo simple. Sino que todas sean objetos. Por ejemplo, crear una variable número como: `var resultado_x = {x: 100};` Y referirse a ella como: `resultado_x.x`.

Se recomienda que el nombre de una función comience por un sujeto agrupador, que coincida con el nombre del archivo al que pertenece; si estamos realizando programación funcional. Luego un verbo en infinitivo, seguida por el predicado. En Programación Orientada a Objetos no se precisa poner un sujeto agrupador.

Los parámetros pueden no ponerse todos cuando se llama a la función. En ese caso, los restantes que no reciben valor serán: undefined.

Se puede crear una variable que sea una función si se le asigna y tras la asignación se define la función:

```
var <variable> = function (<parámetros>) {
    <cuerpo de la función>
}
```

Existen otros métodos, pero no se recomiendan.

Si una variable recibe el nombre de una función, pero sin parámetros, entonces se convierte en una referencia a esa función y se le pasan parámetros como si fuera una función más.

Dentro de una función se pueden declarar funciones, pero no se recomienda hacerlo.

Funciones globales

Son las siguientes:

- eval ( ): Evalua código JavaScript pasado como una cadena de texto. No se recomienda utilizarla.
- isFinite ( ): Informa si un número es infinito o es finito.
- isNaN ( ): Informa si un valor es un número o no lo es.
- parseFloat ( ): Convierte una cadena de caracteres a un número flotante.
- parseInt ( ): Convierte una cadena de caracteres a un número entero.
- decodeURI ( ): Desconvierte una URI a una cadena de caracteres ISO-8859-1, desconvirtiendo los caracteres especiales de la manera adecuada.
- decodeURIComponent ( ): Desconvierte un Componente de una URI a una cadena de caracteres ISO-8859-1, desconvirtiendo los caracteres especiales de la manera adecuada.
- encodeURI ( ): Convierte una cadena de caracteres ISO-8859-1 al formato de una URI, convirtiendo los caracteres especiales de la manera adecuada.
- encodeURIComponent ( ): Convierte una cadena de caracteres ISO-8859-1 al formato del componente de una URI, convirtiendo los caracteres especiales de la manera adecuada.

Programación orientada a objetos

- Para crear una clase se utiliza el siguiente sistema:
    - Se crea una función que va a tener el nombre de la clase.
    - Dentro de la función se incluyen sus atributos mediante la palabra clave: `this`, seguida por un punto y el nombre del atributo.
    - Los métodos se crean asignándoles una función detrás del nombre del método y del operador = y utilizando la palabra clave `function`. También se les puede asignar el nombre de una función que ya existe, sin paréntesis detrás. En este segundo caso, se recomienda que tengan en su nombre el prefijo que corresponde con el nombre de la clase y del archivo, pues se recomienda que cada clase esté en un archivo (salvo excepciones).
- Otras formas de crear un objeto son las siguiente:
    - Declarar como una variable y asignarle un bloque vacío. Por ejemplo: `var objeto = {};`
    - Declarar como una variable y asignarle un bloque con las asignaciones de atributo y métodos (utilizando dos puntos (:), en lugar del signo igual (=)). Por ejemplo:

```
var objeto = {
    atributo: valor,
    metodo: function () {
        <cuerpo del método>
    },
    metodo: <nombre función>
}
```

- Si se declaran funciones dentro de la función constructora de una clase, éstas son **privadas**. A menos que se hagan **públicas** al asignarlas a un atributo de la clase, con `this.<atributo> = <nombre de función>`. Por ese motivo, puede resultar interesante que todas las funciones de una clase, tanto las **privadas** como las **públicas** se declaren dentro de la función constructora. Las variables locales de la función constructora serán atributos **privados**, pues son variables globales para esas funciones.
- Para crear un objeto, es decir, para instanciar una clase; se utiliza la palabra reservada: **new**, y luego se llama a la función que tiene el nombre de la clase. Esta función puede o no, tener parámetros.

o   Todos los objetos descienden del objeto **Object.**

- Es posible sumar a un objeto el equivalente a un objeto padre, que se referencia sin mencionar a dicho objeto, sino directamente sus propiedades y método; mediante el atributo **"prototype"** que todos los objetos tienen. Existen otros usos que no se mencionan, pues corresponden a un nivel muy particular de programación en JavaScript que no se asemeja con otros lenguajes de programación. El modo de añadir un objeto "padre" a otro es:

```
<objeto>.prototype = new <objeto padre>;
```

- Si se desea que una clase defina una, o más de una, clase "padre"; lo que se hace es que se indica que sume al constructor de la clase (la función, o el bloque {...}) la otra clase. Mediante la instrucción:

```
<función-clase padre>.call (this, <parámetros de la
función-clase padre>)
```

   o   Sin embargo, si la clase padre tiene funciones miembro con el mismo nombre que las de la clase padre. Solo una de ellas permanecerá. Eso significa que no hay funciones polimórficas, ni se le puede identificar como diferentes por la clase en la que han sido definidas.

- Los objetos se comportan de una manera muy semejante a los arrays, en muchos aspectos.
- El operador de asignación no copia un objeto en otro. Sino que hace que compartan la referencia. Igual que con los arrays
   o   **Si se quiere crear una copia de un objeto hay que emplear una función recursiva.** Por ejemplo:

```
function globales_copiar (origen, destino)
{
    if (typeof (origen) == "object") {
        if (! Object.isFrozen (origen)) {
            for (var i in origen) {
                destino [i] = globales_copiar (origen [i],
                destino [i]);
            }
        }
        return destino;
    } else {
        return origen;
    }
```

```
}
objeto_origen = {atributo: "valor"};
objeto_destino = new objeto ();
objeto_destino = globales_copiar (objeto_origen,
    objeto_destino);
```

Esta función no usa error_0 ni devuelve verdad o falso. Pues se ha escrito para que funcione con cualquier tipo de dato. Y en los tipos simples la asignación no se puede hacer en el parámetro, pues se pasan por copia, no por referencia.

• Dentro de la Programación Orientada a Objetos se incluye el tratamiento de errores fuera de la secuencia de llamadas desde los cuerpos de las funciones. Son las **excepciones**.

Las excepciones se lanzan con: throw <*objeto lanzado*>.

Y se capturan con:

```
try {
    <código susceptible de lanzar excepciones que serán
    capturadas>
} catch (<variable que recibe el objeto lanzado>) {
    <tratamiento de la excepción>
}
```

• Para **eliminar** un atributo de un objeto o un elemento de un array se utiliza:

```
delete <atributo>
```

• Para saber si un atributo **pertenece** a un objeto se usa: in. A la izquierda el objeto, y a la derecha el nombre de la clase.

• Para conocer **de qué clase** es un objeto se usa: instanceof. A la izquierda el objeto, y a la derecha el nombre de la clase.

• Para separar las funciones públicas de las privadas, se puede asignar a "this" únicamente la **parte pública**, y declarar las funciones **privadas** a variables dentro de la función constructora de la clase. Estas variables son globales para las funciones públicas, si se declaran dentro del cuerpo del constructor. Por ejemplo:

```
function ejemplo_clases {
    var privada = <nombre_funcion>;
    this.metodo_publico = function (error_0) {
        <cuerpo de la función>
```

```
        var ret = privada (error_0); // llamada a una
        función
                                     // privada.
        return ret;
    };
}
```

Dentro de un objeto pueden crearse más objetos. Esto permite que se aniden encapsulaciones de objetos, lo que equivale al concepto de "**namespace**" de la programación orientada a objetos. Por ejemplo:

```
var namespace_1 = {
    atributo_1: "valor";
    namespace_2 : {
        atributo_1: "otro valor";
    };
};
```

Objetos globales

Existen objetos disponibles para el programador. Los más importantes son:

- Object: Crea un objeto a partir de pares: (atributo, valor, atributo, valor, ...)
  - o Presenta el método freeze que hace que un objeto sea inmutable, es decir, que es como si lo convirtiera en algo semejante a una constante. Se puede utilizar para crear "**enumerados**".
  - o El método seal impide que se le añadan atributos y métodos, pero no que sus atributos existentes cambien. Sella un objeto es la mejor manera de evitar que por accidente se añadan atributos porque se hayan escrito mal. Basta con sustituir new <función constructora>; por Object.seal (new <función constructora>);
- Function: Crea una Función.
- Error: Crea un objeto Error para el uso en las excepciones.
- Array: Crea un objeto Array.
- Objetos booleanos, de número y fechas:
  - o Boolean: Crea un objeto booleano.
  - o Number: crea un número.
  - o Math: Contiene métodos matemáticos.

- o `Date`: Contiene métodos de fecha y hora.
- Procesar texto:
  - o `String`: Contiene métodos de manejo de cadenas de texto.
  - o `RegExp`: Contiene métodos de manejo de expresiones regulares de texto.
- Objetos de internacionalización
  - o `Intl`: Contiene métodos para adaptarse a los formatos de números, fechas, comparaciones de caracteres, etc., diferentes según qué países.

Otros elementos

No se comentan los siguientes elementos de JavaScript: `void`, `<condición> ? <Si verdad> : <Si falso>`, `export`, `import`, `void`, `with`, `yield`, los "iterator" y los "generator".

Apéndice II: DOM, El Modelo de Objetos de un Documento

El código HTML de una página Web puede describirse mediante un conjunto de objetos y métodos que nos permiten manejarlo de una manera normalizada.

El modelo DOM presenta los siguientes objetos:

- Document: Representa al documento HTML.
- Elements: Son los elementos que son componentes del documento. Las etiquetas HTML.
- Attributes: Son características de los elementos, descritas dentro del elemento. Son los atributos que puede contener una etiqueta.
- Eventos: Son atributos especiales, pues existen en respuesta de la acciones realizadas sobre un elemento. Pueden asociarse acciones programadas en JavaScript a las mismas, que son llamadas cuando se producen las circunstancias que disparan o activan esos eventos.

Además de los objetos relacionados con el código HTML del documento; existen objetos que se relacionan con el cliente Web donde se visualiza la página. Estos objetos son:

- Navigator: Se corresponde con el navegador Web.
- Window: Representa la ventana de un navegador Web. Pueden existir varias ventanas en un navegador.
- Screen: Se refiere a las características de la pantalla de la ventana.
- History: Es el objeto que guarda el historial de páginas de la ventana. Facilita el retroceso de las páginas visitadas.
- Location: Es el objeto que contiene la información de la dirección Web que se visualiza en la ventana.

El objeto Document

Presenta los siguientes método y atributos, entre otros:

- document.adoptNode (nodo): Devuelve un nodo adoptado de otro documento a este documento.
- document.anchors: Devuelve una colección de todos los anclajes en el documento.

- document.applets Devuelve una colección de todos los applets en el documento.
- document.baseURI: Devuelve el URI de base absoluta de un documento.
- document.body: Devuelve el elemento del cuerpo del documento.
- document.close (): Cierra la secuencia de salida abierto previamente con document.open ().
- document.cookie: Devuelve todos los pares de nombre / valor de las cookies en el documento.
- document.createAttribute (): Crea un nodo de atributo.
- document.createComment (): Crea un nodo de comentario con el texto especificado.
- document.createDocumentFragment (): Crea un nodo DocumentFragment vacío.
- document.createElement (): Crea un nodo Element.
- document.createTextNode (): Crea un nodo de texto.
- document.doctype: Devuelve la Declaración de tipo de documento asociado con el documento.
- document.documentElement: Devuelve el elemento de documento del documento (el elemento de HTML).
- document.documentMode: Devuelve el modo utilizado por el navegador muestre el documento.
- document.documentURI: Establece o devuelve la ubicación del documento.
- document.domain: Devuelve el nombre de dominio del servidor que ha cargado el documento.
- document.domConfig: Devuelve la configuración que se utiliza cuando normalizeDocument () se invoca.
- document.forms: Devuelve una colección de todas las formas en el documento.
- document.getElementById (): Devuelve el elemento que tiene el atributo ID con el valor especificado.
- document.getElementsByName (): Permite acceder a todos los elementos con un nombre especificado.
- document.getElementsByTagName (): Devuelve un NodeList que contiene todos los elementos con el nombre de etiqueta especificado.

- document.images: Devuelve una colección de todas las imágenes en el documento.
- document.implementation: Devuelve el objeto DOMImplementation que se encarga de este documento.
- document.importNode (): Importa un nodo de otro documento
- document.inputEncoding: Devuelve la codificación, el juego de caracteres, que se utiliza para el documento.
- document.lastModified: Devuelve la fecha y la hora que el documento fue modificada por última vez.
- document.links: Devuelve una colección de todos los enlaces en el documento.
- document.normalize (): Elimina los nodos de texto vacíos , y se une a los nodos adyacentes.
- Document.normalizeDocument (): Elimina los nodos de texto vacíos, y se une a los nodos adyacentes.
- document.open (): Abre un flujo de salida HTML para recoger la producción de document.write ().
- document.readyState: Devuelve el (carga) el estado del documento.
- document.referrer: Devuelve la dirección URL del documento que ha cargado el documento actual.
- document.renameNode (): Cambia el nombre de nodo especificado
- document.strictErrorChecking: Establece o devuelve, si la comprobación de errores se hace cumplir o no.
- document.title: Establece o devuelve el título del documento.
- document.URL: Devuelve el URL completo del documento.
- document.write (): Escribe expresiones HTML o código JavaScript en un documento.
- document.writeln (): Igual que write () , pero añade un carácter de nueva línea después de cada declaración.

Los elementos

Presentan los siguientes métodos y atributos, entre otros:

- *element*.appendChild (): Añade un nuevo nodo secundario, a un elemento, como el último nodo secundario.

- *element*.attributes: Devuelve una lista con los atributos de un elemento.
- *element*.childNodes: Devuelve una lista con los nodos secundarios de un elemento.
- *element*.cloneNode (): Clona un elemento.
- *element*.firstChild: Devuelve el primer hijo de un elemento
- *element*.getAttribute (): Devuelve el valor del atributo especificado de un nodo de elemento.
- *element*.getAttributeNode () Devuelve el nodo de atributo especificado.
- *element*.getElementsByTagName (): Devuelve una colección de todos los elementos secundarios con el nombre de etiqueta especificado.
- *element*.hasAttribute (): Devuelve true si un elemento tiene el atributo especificado , de lo contrario falso.
- *element*.id: Establece o devuelve el id de un elemento.
- *element*.innerHTML: Establece o devuelve el contenido de un elemento.
- *element*.insertBefore (): inserta un nuevo nodo secundario antes de una ya existente, el nodo secundario especificado.
- *element*.lastChild: Devuelve el último hijo de un elemento
- *element*.nextSibling: Devuelve el siguiente nodo en el mismo nivel del árbol de nodo.
- *element*.nodeName: Devuelve el nombre de un elemento.
- *element*.nodeType: Devuelve el tipo de nodo de un elemento.
- *element*.nodeValue: Establece o devuelve el valor de un elemento.
- *element*.normalize (): une los nodos de texto adyacentes y elimina los nodos de texto vacíos en un elemento.
- *element*.parentNode: Devuelve el nodo padre de un elemento.
- *element*.previousSibling: Devuelve el elemento anterior en el mismo nivel del árbol de nodos.
- *element*.removeAttribute () Elimina un atributo especificado de un elemento.
- *element*.removeAttributeNode (): Elimina un nodo de atributo especificado, y devuelve el nodo eliminado.
- *element*.removeChild (): Elimina un nodo secundario de un elemento.

- *element*.replaceChild (): Reemplaza un nodo secundario en un elemento.
- *element*.setAttribute (): Establece o cambia el atributo especificado , con el valor especificado.
- *element*.setAttributeNode (): Establece o cambia el nodo de atributo especificado.
- *element*.style: Establece o devuelve el atributo de estilo CSS de un elemento.
- *element*.tagName: Devuelve el nombre de la etiqueta de un elemento
- *element*.textContent: Establece o devuelve el contenido de texto de un nodo y sus descendientes
- *element*.toString ( ) Convierte un elemento en una cadena
- *nodelist*.item (): Devuelve el nodo en el índice especificado de la lista.
- *nodelist*.length: Devuelve el número de nodos en la lista.

Los eventos

Los eventos más utilizados son los siguientes:

Eventos del mouse

- onclick: El evento se produce cuando el usuario hace clic en un elemento.
- onmousemove: El evento se produce cuando el puntero se mueve mientras está sobre un elemento.
- onmouseover: El evento se produce cuando se mueve el puntero sobre un elemento.
- onmouseout: El evento se produce cuando el usuario mueve el puntero del ratón fuera de un elemento.
- onmouseup: El evento se produce cuando el usuario suelta el botón del ratón sobre un elemento.

Eventos del teclado

- onkeypress El evento se produce cuando el usuario pulsa una tecla

Eventos Frame / Objetos

- El evento onload ocurre cuando un elemento que tarda en cargarse, ha finalizado.

Eventos de formulario

- onchange: El evento se produce cuando el contenido de un elemento de formulario, la selección, o el estado de activación han cambiado (por <input> , <select> y <textarea>).
- onfocus: El evento se produce cuando un elemento obtiene el foco (para <label> , <input> , <select> , textarea> y <button>).
- onreset: El evento se produce cuando una forma se restablece.
- onselect: El evento se produce cuando un usuario selecciona un texto (por <input> y <textarea>).
- onsubmit El evento se produce cuando se envía un formulario.

Métodos

- stopPropagation (): Para evitar una mayor propagación de un evento durante el flujo del evento.